울릉도 간첩단
조작 사건

울릉도 간첩단 조작 사건

김정인 ◆ 조수룡 ◆ 유상수 ◆ 홍종욱

책과
함께

다시, 울릉도 사건을 떠올리며

한국현대사에서는 독재 정권이 오래 이어졌고 남북 분열은 지금도 계속되고 있습니다. 그러한 가운데 간첩으로 조작되어 자신의 삶이 송두리째 부정되었던 분들이 있습니다. 남북 분열과 독재 정권의 가장 직접적인 피해를 입은 분들입니다. 그런 분들 중에서도 역사에서 잊히고 있어 더욱 안타까운 분들이 있습니다. 이른바 1974년 울릉도 간첩단 조작 사건에 연루되었던 분들입니다.

울릉도 간첩단 조작 사건은 32명이 사형 3명, 무기징역 4명과 징역 총 119년형을 받았던 사건입니다. 세상의 이목은 이 사건과 뒤이어 조작된 인혁당 사건, 민청학련 사건에 쏠렸습니다. 이 때문에 국가폭력 피해자들은 더욱 큰 고통을 받았고 지금도 자신들의 사건이 세상에 알려지기를 극히 두려워하고 있습니다.

이 사건은 조작간첩 백화점입니다. 한국전쟁 중에 월북 내지 납북되었던 사람이 1960년대에 친인척을 만나러 와서 조작된 간첩 사건,

일본에 이주한 친인척 또는 지인이 조총련과 연관이 있다고 하여 간첩으로 조작된 재일동포 간첩 사건, 1960년대 외화 수입을 위해 고기를 잡으러 바다에 나갔다가 북한에 납치된 후 돌아온 납북귀환어부 간첩 사건, 북한에 있는 친인척 등을 만나려고 정부 몰래 입북했다가 돌아와서 조작된 간첩 사건, 이들의 가족들이 모두 간첩이 되어버린 간첩 사건, 이 모든 것이 울릉도 간첩단 조작 사건에 녹아들어 갔습니다.

공안기관은 연관 없는 사람들을 엮어서 이 사건을 커다란 덩치로 불렀습니다. 울릉도에 살고 있다가 날벼락을 맞은 사람들, 전라북도에서 군마다 1명씩 뽑아 보내준 일본 농업연수(실제로는 노동력 공급)를 하고 귀국 후 감옥으로 가게 된 사람들, 성공한 재일동포 사업가가 고국에서 사업을 확대한 일과 관련된 가족들, 일본에 가서 받은 금전적인 도움이 올무가 되어 간첩 누명을 쓴 전라북도 사람들, 일본을 통해 몰래 입북해서 사람을 만났다가 귀국하여 간첩이 된 사람들이 모두 울릉도 간첩단 조작 사건에 있습니다.

이 사건은 다른 사건에서 실패한 수사관이 실패를 만회하기 위해 꾸며낸 작품이었습니다. 중앙정보부 한 수사관이 1973년 구미 유학생 간첩 사건을 조작하던 끝에 서울대학교 법과대학 최종길 교수를 고문하다가 죽인 사건이 일어났습니다. 공안당국은 최종길 교수가 자살했다고 발표했으나, 이 발표는 허위로 드러났습니다. 최종길 교수를 죽게 한 일로 징계를 받은 이 수사관은 자신의 출세를 위해 군 후배를 꾀여 그 친인척 중에 일본에 있는 재일동포를 간첩으로 몰아가기 시작했습니다. 재일동포의 한국 내 재산은 간첩 조작에 참여했던 그 후배가 차지하게 되었고, 그 후배와 친인척들은 원수가 되었습니다.

이 사건에서 무기징역을 받았다가 석방된 후 부안에서 살다가 돌아가신 최규식 선생님 말씀이 생각납니다. "수사를 받으면서 내 목숨 살리기 위해 거짓말을 했다." 그 말은 고문을 받아본 모든 사람 저 깊은 마음속에 있는 부끄러움을 끄집어냈습니다. 최규식 선생님은 자신의 신념으로 통일운동을 하신 분으로 수사와 징역 생활 내내 누구에게나 떳떳했다고 보이는데 비굴하게 굴복한 이야기를 하니 나머지 사람들이야 어떠했겠습니까. 그러나 누구도 자기 자신의 비굴했던 일을 말할 수 없었습니다. 그때는 사람이 아니었기 때문이라 추측해봅니다.

울릉도 간첩단 조작 사건은 이성희 선생님의 노력으로 세상에 알려졌습니다. 이성희 선생님은 진실화해위원회에 오셔서 "내가 북한에 갔다 온 사실은 있으나 간첩은 아니다"라고 당당하게 말씀하셨습니다. 밝혀진 바로는 간첩이 아닌 점을 넘어 북한의 고위직을 만나 간첩을 남파하지 말라고 요구했고, 북한이 이 말을 들어 간첩을 남파하지 않았는지 모르지만, 이성희 선생님 방북 이후 남한 공안당국은 납북귀환어부, 재일동포 등을 간첩으로 조작하기 시작했습니다. 결국에는 국내 민주화운동 세력도 간첩으로 조작하기에 이르렀던 것입니다. 이성희 선생님은 자신의 목숨과 인생을 걸고 가족의 행복을 희생하면서 남북한의 평화와 통일을 위한 노력을 기울였습니다. 선생님은 새해에 만 96세가 됩니다. 내내 건강하세요. 선생님의 뜻은 우리가 기억하고 이어갈게요.

재단법인 들꽃 이사장 이명춘

차례

제1장

독재정치 대 민주화운동, 그리고 공안통치의 시대

김정인

1. 민주화 열기를 잠재운 공안통치의 병기, 간첩 조작 사건

5·16쿠데타에 이어 민정 이양을 통해 박정희 정부가 수립된 이후부터 1974년 3월 울릉도 간첩단 사건이 발발하기까지 정치는 독재를 향해 내달렸고 그에 맞선 민주화운동 역시 한 치의 양보 없이 치열했다. 이때 독재정치가 민주화운동의 열기를 가라앉히기 위해 사용한 병기로는 군인을 동원하는 계엄령과 위수령, 초법적인 긴급조치와 함께 간첩 조작 사건이 있었다. 박정희는 이러한 공안통치를 기반으로 3선, 나아가 영구집권을 추구했다.

　1961년 5·16쿠데타로 들어선 박정희 군사 정부는 1963년 민간으로의 정권 이양을 공표했다. 하지만 그것은 군사 정부의 집권 연장 시나리오에 다름 아니었다. 이를 위해 먼저 1962년 3월 정치활동정화법을 제정해 주요 정치인들의 정치활동을 금지했다. 이 법에 따르면 정치활동정화위원회에서 부적격 판정을 받은 정치인은 1968년 8월 15일까지 6년 동안 정치활동을 할 수 없었다. 이 법에 대한 항의 표시로 윤보선이 대통령에서 물러나자 박정희가 대통령 권한대행이 되었다. 1963년 2월까지 정치활동정화법에 따른 적격 판정이 이뤄졌고 그 결과 4·19 직후 선거로 집권한 민주당의 정치인과 혁신계 정치인을 합쳐 269명이 정치활동을 금지당했다. 한편 박정희 군사정부는 중앙정보부를 동원해 대통령 선거를 위한 정당 결성을 준비한 끝에 1963년 2월 민주공화당을 창당했다.

1963년 10월 15일 박정희가 군복을 벗고 민주공화당 후보로 나선 가운데 대통령 선거가 치러졌다. 박정희와 윤보선 양자 대결의 승자는 박정희였다. 그는 윤보선을 불과 15만 표 차이로 이겼다. 11월 26일에는 국회의원 선거가 있었다. 무소속 출마를 금지한 탓에 야당이 난립하면서 여당인 공화당이 다수 의석을 차지했다.[1]

박정희 정부는 먼저 한일 국교 정상화를 추진했다. 미국은 '철의 장벽'인 소련과 '죽의 장벽'인 중국에 맞서 한미일 안보체제를 강화하고자 한국과 일본에 국교 정상화를 압박했다. 1964년 3월 23일 김종필 공화당 의장이 도쿄에서 오히라 외상을 만나 한일회담 일정에 전격 합의했다. 이 사실이 알려지자 3월 24일 서울대생, 고려대생, 연세대생 4000여 명이 김종필 즉시 귀국을 요구하며 시위를 벌였다. 시위가 확산되자 김종필은 박정희 대통령의 지시로 3월 28일 귀국했다. 5월 20일에는 서울대 문리대에서 한일굴욕외교반대학생총연합회의 이름으로 박정희와 김종필이 주장했던 '민족적 민주주의'에 대한 '장례식'이 치러졌다.[2] 서울대 문리대생들이 단식투쟁에 들어가면서 한일회담

　　　　　　　　　　　　울릉도 간첩단 조작 사건

반대운동은 더욱 격렬해졌다. 6월 3일에는 서울 시내에서 수많은 학생들이 시위를 전개했다. 지방 곳곳에서도 시위가 일어났다. 이날 밤 9시 50분, 박정희 정부는 계엄령을 선포했다.

1964년 8월 14일에는 중앙정보부가 인민혁명당 사건을 발표했다. 중앙정보부는 북한으로부터 특수사명을 띠고 남하한 간첩과 혁신계 인사들이 인민혁명당을 만들어 국가변란을 기도했으며, 특히 북한으로부터 한일회담반대투쟁을 조직적으로 일으키라는 지령을 받고 학생지도부와 언론계 인사들을 포섭하려 했다고 밝혔다.[3] 그러나 이 사건은 고문에 의해 조작된 사건이었다. 중앙정보부는 관련자 47명을 검찰에 넘겼으나 12명만이 재판에 넘겨졌다. 1965년 1월 재판부는 반공법 위반으로 2명에게 실형을 선고하고 나머지 모두에게 무죄를 선고했다.

결국 1965년 6월 22일 한일기본조약이 조인되었고 한일 간 국교 정상화가 이루어졌다. 한일기본조약이 조인되자 이번에는 비준 반대 운동이 일어났다. 8월 12일 단일 야당인 민중당 국회의원들이 사퇴서를 제출했다. 하지만 다음 날 공화당이 단독으로 개최한 국회에서 베트남파병동의안이 통과되었고, 8월 14일에는 한일기본조약이 비준되었다. 하지만 학생들의 시위는 계속되었다. 박정희 정부는 8월 25일 대학에 무장 군인을 투입했고, 곧이어 위수령을 발동했다.

이처럼 5·16쿠데타에 성공하고 민정 이양 후 집권에 성공한 박정희 대통령은 한일회담반대투쟁을 군인을 동원해 진압했고 간첩 사건을 조작함으로써 공안통치에 나섰다. 이후에도 독재정치를 이어간 박정희 정부는 민주화운동 탄압을 위해 계엄령, 위수령, 긴급조치 등 비상조치의 동원과 간첩 조작을 통한 공안통치를 반복했고 끝내 공안통치에 기반한 영구집권을 추구했다. 무엇보다 간첩 조작 사건은 영구집권의 대들보였던 공안통치가 민주화운동의 열기를 잠재우는 데 동원한 강력한 병기였다.[4]

2. 장기집권 시도 속에 자행된 간첩 조작 사건

1) 박정희의 재선과 6·8부정선거규탄운동, 그리고 동백림 사건

1967년 5월 대통령 선거가 실시되었고 경제 개발의 바람 속에 박정희가 당선되었다. 그런데 6월 8일에 치러진 국회의원 선거가 여당은 물론 대통령과 고위 공무원이 노골적으로 개입한 부정선거로 치러졌다. 박정희 정부는 국회의원선거법 시행령을 고쳐 대통령은 물론 고위 공무원이 선거운동을 할 수 있도록 했다. 박정희 대통령은 각 지역을 돌며 개발 공약을 쏟아냈다. 그의 목표는 3선개헌을 위한 개헌선 확보에 있었다. 결과는 개헌선을 상회하는 130석을 확보한 공화당의 압승이었다.

6·8총선 다음 날부터 전국에서 부정선거에 항의하는 시위가 일어났다. 신민당은 6·8선거를 4·19의 발단이 된 3·15정부통령선거보다 더한 최악의 부정선거로 규정하고 박정희 대통령에게 부정선거를 실시한 지역에 대한 전면 재선거를 요구하며 '6·8선거무효화투쟁위원회'를 구성하고 장외투쟁에 나섰다.

학생들도 6·8부정선거를 성토하며 집회와 시위에 나섰다. 6월 12일부터 6월 16일까지 대학생은 물론 고등학생들까지 나서며 학생들의 항의가 절정을 이뤘다. 먼저 서울대 법대생 500여 명은 긴급학생총회를 열고 "공무원을 사병화하고 국민을 매수, 사기, 협박, 기만함으로써 이루어진 6·8선거는 금력, 사기, 폭력, 부정, 관권 선거로서, 빛나는 4·19정신의 모독"이라고 비판하는 성명서를 발표했다. 긴급학생총회를 마친 학생들은 거리시위에 나서 "부정선거 다시 하라", "7대 국회 무효다", "민주주의 사수하라" 등의 구호를 외친 후 학교로 돌아와 항의 농성을 펼쳤다. 그리고 서울대 문리대생들과 함께 '서울대 민주수호투쟁위원회'를 결성했다. 서울대 상대, 공대, 사범대, 농대 학생들도 성토대회를 개최했다. 건국대, 경희대, 고려대, 동국대, 부산대, 성균관대, 연세대, 한양대 등에서도 성토대회가 이어졌다. 대학 당국들이 휴교령으로 시위 확산을 막으려 했으나 소용이 없었다. 광운공대, 외국어대, 가톨릭의대, 홍익대, 숙명여대, 서울신학대 등에서도 잇달아 시위가 일어났다. 서울의 20여 개 고등학교에서도 학생 1만여 명이 교내 집회를 열고 가두시위를 벌였다.

이처럼 야당과 학생의 항의와 저항이 계속되자, 박정희 대통령은 서울과 지방에서의 고등학생 시위가 절정을 이뤘던 6월 16일 선거 과열과 부정선거를 인정하고 7개 선거구의 당선자를 제명하도록 지시했다. 그런데 서울대, 고려대, 성균관대, 건국대 등 5개 대학 학생 대표 10여 명은 '부정부패일소 전국학생투쟁위원회'를 결성하고 6·8선거의 전면 무효화 투쟁에 나섰다. 그리고 7월 3일 휴교가 해제되어 다시 등교하는 날, 서울 시내 거의 모든 대학이 공동성명을 내고 시위를 전개했다. 7월 4일에도 격렬한 시위가 서울 시내 대학들과 시내 곳곳에서 벌어졌다. 다음 날부터는 부산대, 원광대, 경북대, 공주사대 등에서 시위가 전개되었다. 하지만 조기방학이 실시되면서 대규모 투쟁은 점차 사그라들었다. 신민당 역시 장외투쟁을 이어나가면서 전면 재선거를 요구했으나 결국 공화당과 6·8선거부정조사 특별위원회 설치 등에 합의하면서 11월 29일, 총선이 끝나고 5개여 월 만에 국회에 등원했다.

그런데 6·8부정선거규탄운동의 열기가 뜨겁던 1967년 7월 8일 중앙정보부는 과거 유럽에 유학한 적이 있는 교수나 당시 유학 중인 학생 등 194명이 연루된 동백림 간첩단 사건을 발표했다.[5] 이때 중앙정보부는 과거 유럽에서 유학한 적이 있는 현역 교수나 관련자 중 15명은 1958년부터 1967년까지 동독 주재 북한대사관을 왕래하면서 간첩활동을 했고 7명은 직접 평양에 가서 밀봉교육을 받고 귀국해 간첩활동을 했다고 밝혔다.[6] 중앙정보부는 서울대 문리대의 이념서클인 민족주의비교연구회(이하 민비연)도 이에 연루된 반국가단체라고 발표했다. 1950년대 말 황성모가 독일에 유학하던 당시 북한에 포섭되어 귀국 후 민비연을 조직했다는 것이다. 황성모와 졸업생을 포함해 7명의 민비연 관계자들이 중앙정보부에 끌려갔다. 신민당 6·8총선무효화투쟁위원회의 집행위원인 장준하와 부완혁도 동백림 사건에 연루되었다며 연행되었다. 동백림 사건과 관련해 중앙정보부는 203명의 관련자를 조사하며 불법구금과 고문으로 허위진술을 강요했다. 결국 검찰에 송치된 사람은 66명이었고 이 중 검찰이 간첩죄나 간첩미수죄를 적용한 사람은 23명에 불과했다. 그런데 대법원에서 간첩죄를 적용한 사람은 한 사람도 없었다.

울릉도 간첩단 조작 사건

2) 3선개헌과 3선개헌반대운동

1968년은 한국전쟁 이후 남북관계가 가장 긴장된 해였다. 1월 21일 북한의 무장 게릴라 31명이 휴전선을 넘어 청와대 부근에 나타났다. 이틀 후에는 원산 앞바다에서 미국 정보수집함 푸에블로호가 북한에 의해 나포되어 미국과 일촉즉발의 위기 상황이 벌어졌다. 그해 8월에는 중앙정보부가 통일혁명당 사건(이하 통혁당 사건)을 발표했다. 중앙정보부는 김종태, 이문규, 김질락 등이 북한의 지령을 받고 남한의 전위혁명조직으로 통일혁명당을 조직해 정부를 전복하려 했으며, 그 과정에서 다수의 대학생과 지식인 그룹을 포섭했다고 밝혔다. 11월에는 울진과 삼척 일대에 무장 게릴라들이 나타났다. 북한의 무장 공세에 맞서 박정희 정부는 사회를 '병영화'하는 방식으로 대응했다. 향토예비군이 설치되었고 주민등록증이 발급되었으며 학교 교육과정에 군사훈련, 즉 교련이 생겨났다. 1969년 4월 북한이 미 해군의 EC-121 정찰기를 격추하는 등 남북 간의 긴장이 지속되는 가운데 박정희는 본격적으로 3선개헌을 도모하기 시작했다.

당시 헌법 제69조 3항은 "대통령은 1차에 한하여 중임할 수 있다"라고 규정하고 있었다. 박정희가 1971년 대통령 선거에 다시 출마하려면 이 조항을 개정해야 했다. 이를 위해서는 총선에서 원내 3분의 2 이상의 의석을 확보해야 했다. 앞서 살펴본 것처럼 박정희 정부는 1967년 6·8선거를 통해 개헌선을 확보했다. 1968년 박정희의 3선개헌을 위한 작전은 김종필 후계자론을 차단하기 위해 김종필계 핵심인 김용태 의원을 숙청하는 데서 시작되었다. 이에 반발한 김종필은 정계 은퇴를 선언했다. 공화당의 개헌 추진 세력은 1968년 12월 말부터 개헌 논의를 공론화했다. 공화당 당의장 서리 윤치영이 나서 '국민이 원한다면'이라는 단서를 달아 개헌의 당위성을 설파했고, 1969년 벽두에는 아예 대통령 연임 금지 조항의 철폐를 주장했다. 그해 6월 김종필이 태도를 바꿔 개헌 추진에 나서면서 7월 25일 박정희는 개헌안의 국민투표를 통해 정부에 대한 신임을 묻겠다는 담화문을 발표했다. 그리고 8월 7일 윤치영 외 212명 국회의원(공화당 198명, 정우회 11명, 신민당 3명)의 명의로 된 개헌안이 국회에 제출되었다. "1차에 한하여 중임할 수 있다"가 "2차에 한하여 중임할 수 있다"로 수정된 개헌안이 제출된 후 박정희는 8월 말 미국을 방문해 닉슨 대통령과 정상회담을 열고, 주한미군의 계속 주둔과 베트남전쟁 처리 협조, 예비군 지원 등에 합의했다. 사실상 3선개헌에 대한 미국의 지지를 약속받은 것이었다.

1969년 1월 공화당이 개헌 논의를 전면화하자, 신민당은 '대통령 3선개헌저지투쟁위원회'를 구성하고 반대운동을 전개했다. 4월 초에는 재야인사 14명과 함께 '개헌저지국민투쟁준비위원회'를 결성했다. 학생들도 6월부터 3선개헌반대운동에 나섰다. 6월 12일 서울대 법대생 300명이 '헌정수호 법대 학생총회'를 개최하고 3선개헌에 대한 최초의 반대선언문을 발표했다. 6월 17일에는 서울대 문리대생이, 6월 19일에는 고려대생이 3선개헌반대집회를 열었다. 6월 23일에는 서울대 문리대가 수업거부를 결의했고 경희대생, 경북대생이 3선개헌반대집회를 열었다. 6월 27일부터는 학생들이 가두로 진출했다. 6월 29일경부터는 대학생들이 거의 매일 시위를 지속했다. 연세대, 고려대, 경희대, 외국어대, 서울대, 홍익대, 경북대, 광주사대, 공주사대 등 전국

울릉도 간첩단 조작 사건

대학에서 시위가 일어났다. 7월 2일에는 시위 참가 학생의 규모가 더 커졌다. 이날부터는 고등학생들도 3선개헌반대운동에 참가하기 시작했다. 서울 중앙고 학생 500여 명이 3선개헌반대시위를 시도했다. 다음 날인 7월 3일 전국 곳곳에서 대학생들이 시위를 전개했다. 결국 7월 7일 3선개헌반대운동이 일어난 각 대학에 휴교령이 내려졌고 고등학교는 조기방학에 들어갔다.

학생들의 3선개헌반대운동을 이어 7월 중순부터는 신민당과 재야의 3선개헌반대범국민투쟁위원회(이하 범투위)가 가동을 시작했다. 범투위는 7월 17일 제헌절을 기해 발기인대회를 열어 "자유민주체제의 방향을 경시, 왜곡 또는 역행하는 정권이나 운동은 결코 용납될 수 없는 민족사의 이단"이라고 일갈했다. 8월 7일 개헌안이 국회에 제출되자 신민당 의원들은 국회에서 농성에 돌입했다. 이틀 후 이효상 국회의장은 직권으로 본회의 보고를 생략한 채 개헌안을 정부로 보냈고 정부는 이를 공고했다. 8월 30일 국민투표법안도 법사위에서 신민당 의원들이 퇴장한 가운데 통과되었다. 범투위는 8월 16일 전주를 시작으로 전국에서 개헌반대유세를 전개했다. 8월 말부터 대학들이 속속 개강하면서 대학생의 3선개헌반대운동 열기는 더욱 뜨거워졌다. 그러자 정부는 휴교 조치를 내렸다. 학생들은 닫힌 교문을 넘어 들어가 학교 안에서 농성하며 3선개헌반대운동을 이어갔다.

1969년 9월 9일 마침내 3선개헌안이 국회 본회의에 상정되었다. 그리고 신민당 의원들이 본회의장에서 농성 중이던 9월 14일 일요일 새벽 2시 30분 국회 제3별관에서 개헌안이 날치기로 통과되었다. 신민당은 날치기 통과를 제2의 쿠데타로 규정하고 박정희 정부에 맞서 정권교체투쟁을 벌이겠다고 선언했다. 대학과 고등학교에서는 이를 규탄하는 집회가 잇달아 열렸다. 마침내 10월 17일 국민투표가 실시 되었다. 이날까지 신민당은 전국 각지에서 개헌반대유세를 벌였고 공화당은 개헌지지유세를 펼쳤다. 국민투표에서 개헌안은 77.1%의 투표율과 65.1%의 찬성으로 통과되었다.

3) 교련철폐운동과 재일교포 유학생 간첩단 사건

1968년 4월 향토예비군이 창설될 무렵 박정희 정부는 학생군사훈련 강화 방침을 공표했다. 1969년 신학기부터 남자고등학교 2, 3학년 학생과 ROTC교육을 받지 않는 남자 대학생들에게 군사교육을 실시한 다는 방침이었다. 1969년부터는 대학에서 교련이 정규과목으로 자리를 잡았다. 1970년 2학기부터는 여대생도 교련교육을 받았다. 1970년 8월 17일 국방부와 교육부는 '교련강화 일원화 방침'안을 발표하여 1971년부터 2군사령관이 학생군사훈련을 직접 관장하도록 했다. 이에 대학생들은 '교련강화 일원화 방침'에 반대한다는 입장을 밝혔다. 1970년 11월 3일 고려대, 서강대, 서울대, 성균관대, 연세대 5개 대학 총학생회는 공동선언문을 발표하고 교련강화 방침을 규탄했다. 대학생들이 반발하자 국방부와 문교부가 수정안을 제출했으나 골자는 그대로였다. 마침내 12월 2일 연세대생 500여 명이 최초의 교련 반대 시위를 전개했다. 정부가 12월 27일에 발표한 대학교련교육의 시행요강은 더욱 학생들의 반발을 불러일으켰다. 이에 따르면 대학교 4년간 총 수업시간의 약 20%인 711시간을 교련에 할애하고 군사교육을 위해 대학에 현역군인을 배치해야 했다. 이와 같은 교련교육 강화 방침의 논리 중 하나가 안보 위기였다. 박정희 정부는 남침 준비를 완료한 북한의 적화 위협을 내세웠다. 그리고 정부는 교련교육에 반대하는 학생들에게 북의 학생들이 노농적위대에 속해 남침을 위한 강도 높은 군사훈련을 하고 있는 현실을 직시하라고 요구했다. 하지만 학생들은 강하게 반발했다.

1971년 1학기 개강이 되자마자 각 대학에서는 교련철폐운동이 일어났다. 학생들은 교련강화는 집권세력이 반독재민주투쟁의 전위세력인 학생운동을 억압하는 데 목적이 있다고 주장했다. 3월 23일 전국의 12개 대학 학생회 대표자들이 '전국대학 공동선언문'을 발표하고 학원 병영화에 반대함을 분명히 했다. 4월부터는 거리로 진출해 시위에 나섰다. 교련철폐시위는 4월 중순까지 고조되며 전국적으로 확산되었고 시위 양상도 격렬해졌다. 4월 14일에 서울대 사범대에 무장경찰이 난입했다. 이날 서울과 지방 11개 대학 대표자들은 민주수호전국청년학생연맹을 결성했다. 다음 날인 4월 15일 고려대생 시위에는 경찰이 헬리콥터까지 동원해 최루탄을 투하했다.

그런데 4월 20일 국군보안사령관 김재규는 고려대와 서울대에 재학 중인 재일교포 학생 4명을 포함해 41명이 연루된 '재일교포 유학생 간첩단 사건'을 발표했다. 재일교포 대학생들이 각기 고려대와 서울대 등에서 "민중봉기를 일으켜 정부를 전복하고자 암약하다가" 검거되었다는 것이다. 그리고 북한이 이들에게 "학생운동투쟁 기세를 계속 고조시키고, 휴교반대투쟁을 강력히 전개하라"는 지시를 내렸다는 것이다.[7] 이 또한 전형적인 간첩 조작 사건이었다. '재일교포 유학생 간첩단 사건' 관련자 중 반공법과 국가보안법으로 기소된 사람은

17명, 실형을 선고받은 이는 5명에 불과했다. 이날 이후 각 대학 학생들은 교련철폐시위를 당분간 중단하고 수업에 정상 참여하기로 결정했다. 간첩 조작 사건이 교련철폐운동을 잠재운 병기가 된 것이다.

3. 유신독재체제의 수립과 민주화운동, 그리고 간첩 조작 사건

1) 박정희의 3선과 국가보위법 제정

재일교포 유학생 간첩단 사건을 발표하고 1주일 후인 1971년 4월 27일 박정희의 3선이냐, 저지냐를 둘러싼 대통령 선거가 치러졌다. 야당은 1963년, 1967년 선거에서 무력했지만 이번에는 달랐다. 1969년 3선개헌이 확정된 직후인 11월 신민당의 김영삼이 야당의 체질 개선과 세대교체를 주장하는 40대 기수론을 들고 나왔다. 1970년 9월 신민당 대통령후보 지명 대회는 2차 투표까지 이어지며 김대중이 김영삼을 누르고 역전승을 거두었다. 김대중 후보는 빈부 격차의 해결, 재벌 편중 경제의 시정, 주변 4대국에 의한 한반도 안보 보장, 남북 교류, 향토예비군 폐지 등을 공약으로 제시하며 선거 바람을 일으켰다. 선거의 개표 결과 박정희 후보가 영남에서 몰표를 얻어 94만여 표 차이로 김대중 후보를 누르고 당선되었다. 한 달 뒤인 1971년 5월 25일에는 총선이 실시되었다. 선거 결과 공화당은 112석, 신민당은 89석을 차지했다. 그런데 득표율에서는 양당의 차이가 거의 없었다. 공화당은 47.8%, 신민당은 43.5%의 지지율을 얻었다. 이처럼 1971년 대통령 선거와 국회의원 선거의 결과는 박정희가 다시 선거를 통해 재집권할 가능성이 높지 않음을 암시했다.

1971년 2학기에 다시 교련철폐투쟁이 전국에서 일어났다. 학생들은 교련철폐투쟁과 함께 '정보통치 폐기와 민주적 기본질서 회복', '부패와 특권 폐지, 민권 신장'을 위해 적극적으로 싸워나갈 것을 결의했다. 그런데 10월 5일 고려대에 수도경비사령부 제5헌병대 소속 군인 20여 명이 난입해 농성 중인 이념서클 한맥의 간부 5명을 납치하여 구타하는 사건이 발생했다. 학생들이 윤필용 수도경비사령관을 대표적인 부정부패인사로 지목했다는 이유에서였다. 이 사건 이후 학생들의 교련 반대, 부정부패척결시위는 더욱 거세졌다. 하지만 10월 12일 국방부장관과 문교부장관은 교련수업을 거부하는 학생들을 강제징집하겠다고 발표했다. 그럼에도 다음 날인 10월 13일에 전국 14개 대학 학생 대표가 모여 규탄대회를 벌였다. 전국학생연맹은 10월 14일 전국대의원대회를 개최하려다가 경찰의 원천봉쇄로 실패했다. 전국학생연맹은 민주수호전국청년학생연맹이 1971년 6월 12일에 확대해 만든 학생운동조직이었다. 다음 날인 15일 전국학생연맹은 중앙정보부 철폐와 수도경비사령관 처벌 그리고 반反대학적인 무단통치 책동에 대항해 결전을 벌일 것을 선언했다.

그런데 바로 이날, 10월 15일 박정희 정부는 9개 항의 '학원 질서 확립을 위한 특별법령'을 발표하고 서울 일원에 위수령을 발동했다.[8] 그날 오후부터 7개 대학에 군이 진주해 10월 23일까지 주둔했다. 위수령 선포 직후 시위 주동 학생들이 제적되고 학내 서클이 해체되고 간행물 폐간 조치가 이어졌다.

박정희 정부의 학생운동 탄압의 병기는 역시 내란음모사건 조작이었다. 중앙정보부는 11월 13일 '서울대 내란예비음모사건'으로 위수령으로 제적된 서울대생 4명(심재권, 이신범, 장기표, 김근태), 사법연수생 1명(조영래)을 검거했다고 발표했다. 검찰은 이들이 폭력시위를 통해 정부 기관을 습격, 전복한 뒤 민주수호국민협의회 및 학생 대표들과 '혁명위원회'를 구성한다는 등 9단계 국가전복 계획을 추진하고 있었다고 주장했다. 민주수호국민협의회는 1971년 대통령 선거 기간인 4월 19일 재야인사들이 공명선거 쟁취를 목표로 결성한 조직이었다. 검찰은 이들에게 10년형을 구형했지만 1972년 12월 항소심 최종 판결에서 이들은 가벼운 처벌을 받았다.

급기야 박정희 정부는 12월 6일 국가비상사태를 선포했다. 박정희는 특별담화문을 통해 국가비상사태 선포의 이유로 변화하는 국제정세가 안보 보장에 중대한 영향을 미치고 있다는 점을 강조했다. 그는 강대국의 평화 지향적 기조는 핵 교착상태를 통한 현상 유지 정책에 불과한데, 북한이 강대국의 이러한 행동 제약을 이용해 노골적으로 남침 책동을 강화하고 있다고 주장했다. 이어 12월 21일 국회에 '국가보위에 관한 특별조치법(이하 국가보위법)'을 제출했다. 국가보위법은 안보 위기에 대한 대응을 명목으로 대통령에게 비상대권을 부여하는 내용을 담고 있었다. 이 법안은 12월 27일 국회 본회의장을 점거한 야당 의원들을 따돌리고 국회 제4별관에서 여당 111명과 무소속 2명의 의원들에 의해 단독처리되었다.[9] 이처럼 박정희 정부는 정보기관과 법제화를 통한 공안통치 강화로 영구집권의 유신독재체제로 가는 길을 닦았다.

2) 남북대화와 유신독재체제의 선포

1971년 7월 미국 대통령 안보 담당 특별보좌관인 키신저가 베이징을 비밀리에 방문했다. 곧바로 닉슨 미국 대통령이 1972년 초 베이징을 방문할 것임을 공식 선언했다. 이렇게 동아시아에서 데탕트 움직임이 일자 남북 정부는 대화를 모색하기 시작했다. 1971년 8월 6일 북한의 김일성 수상은 미중관계 개선을 환영하며 남한의 여당인 공화당과도 대화할 수 있음을 공표했다. 8월 12일 대한적십자사는 남북이산가족 상봉을 위한 적십자회담을 북한의 조선적십자회에 제안했다. 다음 달인 9월부터 마침내 판문점에서 이산가족 상봉을 위한 남북적십자 예비회담이 열렸다. 하지만 남북대화는 타협점을 쉽게 찾지 못했다. 남북적십자 본회담의 의제와 인원 구성 문제를 협의하기 위한 예비회담은 난항을 거듭했다. 그해 11월 남한의 이후락 중앙정보부장의 신임장을 받은 정홍진과 북한 조선로동당 김영주 조직지도부장의 신임장을 받은 김덕현 사이에 비공식 대화 채널이 가동되면서부터 남북대화에 진전이 보이기 시작했다. 이후락과 김영주는 서울과 평양을 상호 방문한다는 합의를 했다. 1972년 5월 2일 이후락 부장은 평양을 방문해 김일성과 두 차례 회담을 가졌다. 북한에서는 김영주 대신 박성철이 5월 29일 서울을 방문해 박정희와 회담했다.

마침내 1972년 7월 4일 남북공동성명이 발표되었다. 그런데 이 성명을 발표하며 이후락 중앙정보부장은 반공 태세에는 변함이 없으며 "대화 없는 남북대결에서 대화 있는 남북대결"로 옮겨 갔음을 분명히 했다. 7·4남북공동성명에 이어 남북적십자 본회담과 남북조절위원회 회담이 잇달아 열렸다. 그런데 1972년 5월 이후락의 평양 방문이 이루어질 무렵 공화당에서는 김종필 총리를 비롯한 정부 요인 모두를 배제하고 박정희와 이후락 중앙정보부장, 소수의 실무자 중심으로 개헌 준비가 이뤄지고 있었다. 그해 8월쯤에는 개헌 추진의 전략과 개헌안 내용이 사실상 확정되었다.

1972년 10월 17일 저녁 박정희 대통령은 비상계엄령을 선포하고 대통령 특별선언을 발표했다. 서울 시내에 병력이 배치되고 광화문에 탱크가 등장했다. 특별선언 내용은 1) 국회를 해산하고 정치활동을 금지하며 2) 헌법 일부 조항의 효력이 정지되고 그 기능은 비상국무회의가 대행하며 3) 향후 새로운 헌법개정안을 공고하여 국민투표를 통해 확정하고 4) 개헌안이 확정되면 1972년 말까지는 헌정질서를 정상화한다 등이었다. 박정희는 데탕트 국면에서 이뤄지는 강대국 사이의 협상 과정에서 약소민족의 이해관계가 훼손될 위험성에 대처하기 위해, 또한 기존 헌법은 냉전 시기에 만들어진 것인 만큼 남북대화와 통일이라는 새로운 과제를 추진하기 위해 새로운 정치체제의 수립이 불가피하다고 주장했다. 미리 준비된 개헌안은 10월 26일 비상국무회의의 심의를 거쳐 바로 다음 날 공고되었다. 개헌안의 주요 내용은 1) 통일주체국민회의 대의원에 의한 대통령 간접선거제, 2) 국회의원 3분의 1을 대통령이 사실상 지명, 3) 대통령과 국회의원 임기를 6년으로 연장, 4) 대통령에게 국회해산권 및 사실상 무제한적인 긴급조치권의 부여, 5) 국회의 국정감사권 폐지 등이었다. 이 개헌안은 모든 권력을 대통령 1인에게 집중시켜 실질적으로 박정희의 영구집권을 보장하기 위한 목적에서 나온 것이었다. 박정희가 내세운 개헌 명분 중 하나는 기존 헌법이 냉전 시기에 만들어져 평화통일을 추진하는 데 장애가 된다는 것이었다.

1972년 11월 21일 계엄령하에서 개헌안에 대한 찬반을 묻는 국민
투표가 실시되었다. 총 유권자의 91.9%가 참여해 91.5%의 압도적
인 찬성률로 개헌안이 통과되었다. 12월 15일에는 통일주체국민회의
의 대의원 선거가 실시되었다. 통일주체국민회의는 유신헌법이 명시
한 최고 국가통치기관이었다. 이 기관은 통일을 위해 국민의 총의를
모으는 '국민적 조직체'이고 통일정책을 심의 결정하는 '국민의 주권
적 수임기관'이었고, 대통령은 물론 국회의원 3분의 1을 선출하는 국
가기관으로 규정되었다. 그런데 통일주체국민회의의 의장은 대통령
이었다. 대통령이 의장으로 있는 기구에서 대통령을 선출하는 권한을
갖고 있었던 것이다. 이처럼 통일주체국민회의는 대통령에게 모든 권
한을 집중시켜 국회와 사법부 위에서 통치할 수 있도록, 즉 삼권분립
을 무너뜨리기 위해 마련된 기관이었다. 통일주체국민회의는 12월
23일 찬반투표로 박정희를 대통령으로 선출했다. 야당이 비민주적
절차로 치러지는 대통령 선거라며 그 자체를 거부했으므로 입후보자
는 오직 박정희밖에 없었다. 찬반투표에서 단 한 표의 반대표도 없이
99.5%(무효표 2)라는 압도적인 찬성률로 박정희가 대통령으로 선출되
었다.

유신체제가 들어선 후 처음으로 1973년 2월 27일 9대 총선이 실시
되었다. 야당인 신민당 안에서는 총선 거부 움직임이 있었으나, 당수
유진산이 '긍정 속의 부정'이라는 논리를 내세우며 결국 총선에 참여
했다. 그런데 유신체제 수립 이후 중앙정보부는 노골적으로 야당 인
사들을 탄압하거나 회유하면서 분열을 조장했다. 유신 선포 이전 국

회에서 박정희의 종신집권 시도에 대해 의혹을 제기하거나 박정희를 직접 비난했던 국회의원들은 중앙정보부에 끌려가 고문을 당했다. 일부는 아예 구속되어 9대 총선에 출마도 할 수 없었다. 그럼에도 총선 결과 공화당은 73명의 당선자를 냈지만 득표율은 38.7%에 그쳤다. 신민당은 32.6%의 득표율에 52명의 당선자를 냈다. 하지만 통일주체국민회의에서 간선제 방식으로 선출된 유신정우회가 73명을 차지하면서 사실상 '여당'이 146석을 거머쥐었다.

3) 유신독재체제 수립 직후 자행된 간첩 조작과 내란음모 조작

유신독재체제가 선포되면서 공개적인 학생운동은 불가능해졌다. 학생들은 비밀리에 활동하며 유신반대투쟁에 뛰어들었다. 그런데 1973년 봄 전남대에서는 《함성》지 사건이, 고려대에서는 《민우》지 사건과 《야생화》 사건이 발생했다. 유신체제 선포 이후 박정희 정부가 정권에 맞서는 최대 세력으로 자리 잡은 학생운동에 대한 탄압에 곧바로 간첩 사건이라는 올가미를 씌웠던 것이다.[10]

1972년 12월 전남대 학생 이강, 김남주는 지하신문인 《함성》을 400부 제작해 12월 10일 아침 전남대를 비롯한 광주 시내 대학과 고등학교에 배포했다. 1973년 3월 이들은 다시 《고발》이라는 제목의 유인물 100여 부를 제작해 배포했다. 박정희 정부는 이 사건을 대규모 조직 사건으로 조작했다. 1973년 3월 30일 이강, 김남주 이외에도 전남대 졸업생 박석무와 전남대생 구속을 시작으로 4월까지 유인물 제작 과정을 목격했거나 유인물을 받아 읽은 친구와 후배들마저 잡아들였다. 광주지검은 국가보안법과 반공법을 적용해 박석무, 이강, 김남주에게 징역 10년씩을 구형했다. 하지만 1심 재판부는 피고들의 반공법 관련 부분은 모두 무죄로 선고했다. 2심 재판부는 박석무가 이 사건과 직접 관련이 없다는 사실을 인정하여 무죄를 선고했다.

한편 1971년까지 고려대 학생운동은 이념서클인 '한맥'과 '한국민족사상연구회'(한사회)가 이끌었다. 하지만 1971년 위수령 선포로 둘 다 해체되었다. 학생들은 곧바로 재건운동에 들어갔다. 한맥 재건을 준비한 학생들은 유신체제가 선포되자 자신들의 모임을 'NH회'라 명명하고 지하신문을 발간했다. 그리고 1973년 3월 4일 개학일에 맞춰 "민족, 민주, 통일의 횃불을 들자"라는 제목의 유인물을 배포했다. 3월 12일에는 지하신문 《민우》 1호를 발행했다. 이러한 NH회의 활동은 곧 정보기관에 포착되었고 1973년 5월부터 회원들이 구속되었다. 중앙정보부는 《민우》지 사건을 간첩 사건으로 조작했다. NH회원들이 고려대 노동문제연구소에 출입한 사실을 빌미로 삼았다. 당시 노동문제연구소 사무국장인 김낙중은 1955년 독자적인 평화통일 방안을 들고 북한을 방문해서 미제국주의의 간첩으로 몰려 고생했고 1년 뒤 귀환해서는 간첩 혐의로 구속되었다가 무죄를 선고받았다. 5·16쿠데타 이후인 1962년 6월에는 박정희 정권에 반대하는 지하모임을 만들었다가 발각되어 구속되기도 했다. 중앙정보부는 김낙중과 NH회원들을 연결시켜 간첩단 사건을 조작했다. 김낙중이 한맥회 회원들을 포섭하고, 이들에게 동조세력을 확보하여 인민봉기를 일으키라는 지령을 내렸으며, 학생들은 사회주의 이론을 신봉한 나머지 북한 지령에 따라 현 정부를 타도하기 위해 NH회를 결성해 반국가활동을 했다는 것이었다.

1973년 5월에는 고려대에서 '검은10월단' 사건이 터졌다. 검은10월단 사건은 한사회를 재건한 서클 등림회를 탄압하기 위해 조작되었다. 1972년 6월 등림회는 서클 등록을 마치고 회지인 《등림회보》를 발간했다. 이듬해인 1973년 5월 등림회원들이 남영동 대공분실에 끌려가 고문당했다. 연행된 학생들에게는 '검은10월단 발행'이라는 고무인이 찍힌 《야생화》라는 유인물이 던져졌다. 수사관들은 1972년 9월 뮌헨 올림픽에서 팔레스타인인들이 조직해 이스라엘 선수단에 테러를 가했던 '검은9월단'에서 이름을 빌린 '검은10월단'이라는 지하단체를 조작해 《야생화》라는 지하유인물을 발간한 혐의를 인정하라고 강요했다. 한 달간 이뤄진 고문에 결국 학생들은 허위자백을 했고 기소되었다.

1973년 상반기까지 공개적으로 유신체제를 부정하거나 비판하고 민주적 개헌을 요구하는 움직임은 거의 없었다. 그런데 1973년 4월 22일 서울의 젊은 종교인들과 기독교 학생들이 부활절연합예배를 기회로 삼아 예배 장소인 남산 야외음악당에서 전단을 뿌리며 유신독재반대운동을 전개했다. 경찰당국이 수사를 벌인 끝에 6월 29일 박형규 목사를 비롯해 관련자들이 보안사령부에 연행되었다. 박정희 정부는 이 사건을 내란음모사건으로 조작했다. 연합예배에서 시위대를 조직해 일부는 방송국을 점거하고 다른 일부는 국회의사당을 점거하려 했다는 혐의를 뒤집어씌웠다. 이와 같은 무리한 내란음모사건 조작에 종교계가 강하게 반발하면서 종교인을 중심으로 한 반유신독재운동이 확산되어갔다.

울릉도 간첩단 조작 사건

4. 영구집권의 길을 둘러싼 독재정치 대 민주화운동, 그리고 울릉도 사건

1) 반유신독재운동의 첫 번째 분화구, 학생운동

1973년 8월 중앙정보부가 반유신독재 민주화운동을 벌이고 있던 김대중을 도쿄에서 납치한 사건이 일어났다. 유신체제가 선포될 당시 일본에 있던 김대중은 미국과 일본을 오가며 민주화운동을 전개하고 있었다. 1973년 7월 6일에는 미국에서 한국민주회복통일촉진국민회의(이하 한민통) 발기인대회를 개최하고 미국본부를 발족했다. 그런데 8월 8일 중앙정보부원들은 한민통 일본지부 결성을 목적으로 일본에 체류 중인 김대중을 도쿄 그랜드팔레스호텔에서 납치해 중앙정보부의 공작선인 용금호에 태워 한국에 돌아왔다. 이들은 김대중을 감금하고 있다가 8월 13일 밤 동교동 그의 자택 부근에 내려놓고 사라졌다. 그런데 납치 현장인 그랜드팔레스호텔에서 주일한국대사관 일등서기관의 지문이 나오는 등 한국 정부가 연루된 사실을 입증하는 증거들이 나왔다. 김대중 납치 사건의 국내외 파장은 커졌고 박정희 정부는 곤경에 빠졌다.

　김대중 납치 사건은 반유신독재운동의 촉매제로 작용했다. 이 사건이 일어날 무렵 민주화운동은 소강 상태에 있었다. 하지만 8월에 일어난 김대중 납치 사건을 계기로 대학에서는 2학기 개강과 함께 반유신독재시위가 본격화되었다. 1973년 10월 2일 서울대 문리대생들은 비상총회를 열고 다음과 같은 4개 조항의 결의사항을 낭독했다.

　1) 정보·파쇼통치를 즉각 중단하고, 국민의 기본권을 보장하는 자유민주

체제를 확립하라.

2) 대일예속화를 즉각 중지하고, 민족자립경제체제를 확립하여 국민의 생존권을 보장하라.

3) 정보·파쇼통치의 원흉인 중앙정보부를 즉각 해체하고, 만인공노할 김대중 납치사건의 진상을 즉각 밝히라.

4) 기성 정치인과 언론인은 각성하라.[11]

학생들은 교외 시위를 시도하다가 경찰이 막아 실패하자 연좌농성을 했다. 이 시위는 10월 4일 서울대 법대, 10월 5일 서울대 상대 시위로 이어졌다. 박정희 정부는 서울대생 시위에 강경하게 대응했다. 세 차례 시위에서 215명이 연행되어 23명이 구속되었다.

그런데 10월 25일 중앙정보부는 '유럽 거점 대규모 간첩단 사건'을 적발했다고 발표했다. 북한의 공작원이 된 네덜란드 교포들이 유학을 온 남한 연구자들을 포섭해 대규모 간첩단을 조직했고, 서울대 법대 최종길 교수가 이에 연루되어 조사를 받다가 간첩임을 자백하고 투신 자살했다는 것이었다. 하지만 최종길은 중앙정보부의 수사 협조 요청을 받고 자진출두했고, 간첩임을 자백했다는 자술서도 존재하지 않았다. 사람들은 평소 시위 학생들에 대한 처벌에 반대하던 최종길이 고문을 당하다가 목숨을 잃었으며 중앙정보부가 자살로 조작했다는 의혹을 제기했다.[12]

이러한 공안통치 속에서도 1973년 11월부터 학생운동 세력이 선도하는 반유신독재운동이 전국으로 확산되었다. 서울대생 이후 처음 유신반대시위를 시도한 학생들은 경북대생이었다. 경북대에서는 10월

울릉도 간첩단 조작 사건

30일 시위는 실패했지만, 11월 5일 두 번째 시위는 교문 밖 진출까지 성공했다. 서울대에서는 11월 5일 사범대생들이 동맹휴학을 결의한 후 공대, 상대, 문리대, 교양과정부, 가정대, 농대, 치대, 약대 등이 잇달아 동맹휴학에 들어갔다. 한국외대, 한신대 등에서도 동맹휴학이 전개되었다. 11월 13일에는 고려대와 이화여대에서 시위가 일어났고 11월 14일에는 연세대, 서울신학대가 동맹휴학에 돌입했다. 11월 15일에는 고려대생들이 기동경찰대와 투석전을 벌였다. 11월 말에 이르러서는 시위 참여 학교가 늘어나고 양상도 더욱 격렬해졌다. 학생운동이 활발하지 않던 대학에서도 대규모 시위가 일어났다. 결국 대학들은 조기방학에 들어갔다. 하지만 12월에 들어와서도 학생들의 반유신독재운동은 더욱 거세졌다. 그리고 대학만이 아니라 고등학교로 시위가 확산되었다. 12월 5일에는 전남 광주일고생들이, 12월 8일에는 서울 신일고생들이 언론자유 등의 구호를 외치며 시위를 벌였다.

학생운동이 점점 거세지자 박정희 정부는 유화책을 내놓았다. 12월 7일 박정희 대통령은 민관식 문교부장관에게 10월 2일 이후 학원 사태와 관련해 구속된 학생들을 석방하고 학칙에 의해 내렸던 처벌을 백지화할 것을 지시했다. 이 지시에 따라 그동안 형사 처벌을 받거나 학사징계를 받은 학생들이 모두 구제되었다. 그리고 겨울방학이 시작되면서 대학가의 반유신독재시위는 사그라들었다.

2) 재야세력의 개헌청원 100만인 서명운동과 긴급조치 1, 2호 발동

학생운동 세력의 잇따른 시위는 사회 전반으로 확산되었다. 정부의 언론통제로 학생시위를 제대로 보도하지 못했던 기자들은 언론자유수호투쟁에 나섰다. 1973년 10월 19일부터 12월 초까지 경향신문, 동아일보, 조선일보, 중앙일보, 한국일보, 신아일보, 기독교방송, MBC(문화방송) 등의 기자들이 철야농성을 벌이거나 기자총회를 열고 언론자유수호를 결의했다. 기자협회도 11월 29일 객관적 사실을 보도하고, 내외의 부당한 제재를 배격하며 1971년 5월에 마련한 '언론자유수호행동강령'을 준수할 것 등 3개 항의 결의문을 채택했다. 재야인사들은 시국선언에 나섰다. 1973년 11월 5일 유신 선포 이후 유명무실해졌던 민주수호국민협의회 인사 15명이 시국선언을 발표했다. 이들은 시국선언을 통해 박정희 정부의 "독재정치·공포정치로 국민의 양심과 일상생활은 더없이 위축되고, 우방 각국의 신뢰와 친선관계는 극도로 실추되어 대한민국은 내외로 최악의 상태에 직면하게 되었다"며 비판했다. 이 시국선언은 재야의 반유신독재 민주화운동의 본격적인 출발을 상징했다. 민주수호국민협의회는 1973년 12월 13일 각계 원로 재야인사들로 구성된 시국간담회를 열었다. 이들 재야인사들은 박정희 정부에 국민기본권 보장, 3권분립체제 재확립, 공명선거에 의한 평화적 정권교체 보장을 요구하는 건의문을 발송했다. 12월 24일에는 헌법개정청원 운동본부를 구성하고, '개헌청원 100만인 서명운동'을 시작했다.

박정희 정부는 헌법개정청원운동에 강경대응을 예고했다. 김종필 국무총리가 나서 "세상을 어지럽히는 자는 다스리지 않을 수 없다"고 엄포를 놓았다. 문화공보부는 유신체제에 대한 부정이나 도전을 허용하지 않을 것임을 천명했다. 그리고 12월 29일에는 박정희 대통령이 직접 담화를 발표해 개헌청원서명운동을 "사회혼란을 조성하려는 불순한 움직임"으로 규정하고, "유신체제를 부정하는 일체의 불온 언동과 소위 개헌청원서명운동을 즉각 중지"하라고 경고했다.

그럼에도 개헌청원서명운동은 멈출 줄 몰랐다. 신민당도 개헌 추진을 결의하고 합류했다. 개헌을 주장하는 재야의 시국선언도 시작되었다. 12월 31일 윤보선, 유진오, 김수환 등 15명의 인사들이 대통령에게 민주체제 회복 조치 등을 건의했다. 1974년 1월 7일에는 공화당 초대 총재와 4대 당의장을 지낸 정구영이 개헌을 요구하며 탈당 성명을 발표했고 전 사무총장 예춘호도 탈당계를 제출했다.

문학인들도 개헌청원서명운동에 참여했다. 1월 7일 문인 61명은 헌법개정청원은 국민의 당연한 권리이며 이 권리를 포기하지 않을 것이라는 내용의 성명서를 발표했다. 그런데 이들 중 이호철, 임헌영을 비롯한 5명이 반공법과 국가보안법 위반 혐의로 구속되었다. 이들이 일본에서 발행되는 한국어 잡지《한양》에 한국을 비방하는 내용의 글을 기고하고 잡지사 간부들과 회합하였는데,《한양》 관계자들이 '북괴 지도원'이었다는 것이 혐의 내용이었다.

박정희 정부는 강경대응을 예고했는데도 개헌청원서명운동이 확산일로를 걷자 유신헌법에 명시된 긴급조치라는 칼을 꺼내 들었다. 1974년 1월 8일 박정희는 긴급조치 1호와 2호를 발동해 유신헌법에 대한 논의 자체를 금지했다. 긴급조치 1호는 유신헌법을 부정·반대·비방하는 일체의 행위와 함께 헌법 개정 또는 폐지를 주장·발의·제안 또는 청원하는 모든 행위를 금지했다. 이 사실을 알리는 행위도 금지했다. 긴급조치 2호는 긴급조치 1호를 시행하기 위한 비상군법회의 설치에 관한 것이었다. 박정희 정부는 1974년 1월 14일 개헌청원서명운동을 주도한 장준하와 백기완을 구속해 재판에 회부했다.

3) 민청학련 사건과 인혁당 재건위 사건, 그리고 울릉도 간첩 조작 사건

1973년 말 학생운동세력은 반유신독재운동의 전국적 확산을 경험하면서 전국적인 조직 결성에 나섰다. 서울대 문리대의 복학생 그룹은 서울대의 단과대학은 물론 전국의 학생운동세력을 조직화해 유신반대투쟁을 전개하기 위해 10월부터 움직이기 시작했다. 1974년 1월에는 조직 구성과 역할 분담을 결정했다. 전국적 조직을 구성하는 방식은 이른바 '3-3-3제'였다. 이는 우선 서울대의 문리대-법대-상대의 3개 단과대를 주축으로 하고 의대와 공대, 사범대를 연결하며, 이어 서울 지역에서는 서울대-연세대-고려대의 세 학교를 주축으로 하여 이화여대, 서강대, 성균관대, 동국대와 긴밀한 관계를 맺고, 나아가 전국적으로는 서울대-전남대-경북대를 기본으로 하고, 부산대, 강원대 등은 경우에 따라 서울대와 직접 접촉하거나 전남대, 경북대 등에서 연락한다는 것이었다. 1970년대 초반 각 대학의 이념서클 간에는 다양한 유대관계가 있었다. 학생들은 각 대학의 이념서클이 주최하는 학술대회나 토론회 등에 참여하면서 교류하고 있었다. 이러한 이념서클 간의 인적 유대를 연결해 마침내 전국조직인 전국민주청년학생총연맹(이하 민청학련)이 탄생했다. 2월경 민청학련의 조직 얼개가 거의 갖춰지자 지도부들은 3월 말에서 4월 초 사이에 전국에서 시위를 일으킬 계획을 수립했다. 최초의 선도 투쟁은 3월 11일 한신대에서 일으키고 이어 경북대에서 시위를 전개하기로 했다. 서울에서는 서강대에서 먼저 시위를 전개하며 4월 3일에 전국에서 동시다발로 시위를 벌이기로 했다. 한신대 시위는 실패했으나, 경북대에서는 3월 21일에 시위가 일어났다. 4월 3일 서울대, 연세대, 고려대, 성균관대, 이화여대 등의 학생들은 일제히 시위를 벌이면서 민청학련 명의의 "민중-민족·민주선언", "민중의 소리" 등의 유인물을 살포했다.

이날 밤 10시 박정희는 긴급조치 4호를 발동하고 특별담화를 통해, "민청학련이라는 불법단체가 불순세력의 배후조종하에 그들과 결탁하여, 인민혁명을 수행하기 위한 상투적 방편으로 통일전선의 초기 단계적 지하조직을 우리 사회 일각에 형성하고 반국가적 불순활동을 전개하기 시작했다는 확증을 포착했다"면서, 이런 불순세력을 발본색원하기 위해 긴급조치 4호를 발동한다고 발표했다. 이처럼 대통령이 민청학련을 인민혁명을 기도하는 불순세력으로 규정하는 담화를 발표하자, 중앙정보부는 그들이 공산주의 사상을 가지고 폭력혁명을 수행하려 한다는 것을 입증하는 맞춤 수사를 진행했다.

1974년 4월 25일 신직수 중앙정보부장이 민청학련 사건에 대한 중간 조사결과를 발표했다. 그는 민청학련은 공산계 불법단체인 인민혁명당 조직과 재일 조총련의 조종을 받는 일본 공산당원 및 국내 좌파 혁신계 등이 '복합적으로' 작용한 것이고, 민청학련을 조직하여 국가변란을 획책한 학생들은 그들의 사상과 배후관계로 보아 공산주의자임이 분명하다고 강조했다. 5월 27일 비상군법회의 검찰부는 민청학련 사건에 대한 조사결과를 추가 발표했다. 서도원, 도예종 등 대구 지역의 옛 혁신계 인사들이 인민혁명당을 재건하고, 여정남을 학원담당으로 하여 대구 지역 학생운동을 배후조종하다가, 여정남을 서울로 파견하여 이철, 유인태를 만나 이들을 조종하여 전국적인 학생조직인 민청학련을 만들도록 했다는 내용이었다. 이 발표로 민청학련은 대규모 시위를 통해 군중을 폭도화하여 주요 공공건물을 점거·방화함으로써 정부의 기능을 마비시켜 정부를 전복하고, 임시 과도정부를 설립해 궁극적으로 공산주의 정권을 세우려 한 단체로 몰렸다.

앞서 살펴본 것처럼 1965년의 인민혁명당 사건은 중앙정보부 조작의 산물이었다. 이를 다시 인민혁명당 재건위원회(이하 인혁당 재건위)라는 이름으로 조작했던 것이다. 민청학련을 배후조종한 단체로 지목된 이른바 인혁당 재건위의 존재는 근거가 없는 것이었다. 처음부터 민청학련을 공산주의자들이 배후조종한 인민혁명 조직으로 규정하고 수사하던 중앙정보부가 여정남 등이 인혁당 사건에 연루되었던 도예종 등과 교류한 정황을 악용해 조작한 것이었다. 인혁당 재건위에 관한 물증은 전혀 없었다.

1974년 1월 박정희 정부가 개헌청원서명운동에 재갈을 물리기 위해 긴급조치 1호와 2호를 발동하고 이에 저항하고자 학생운동 세력이 민청학련이라는 전국적인 학생조직을 결성할 무렵 '울릉도 간첩단 사건'이 발표되었다.[13] 중앙정보부장 신직수는 3월 15일 "청년, 학생, 지식인, 종교인, 노동자, 농민 및 군 간부를 포섭하여 지하망 조직, 통일전선을 형성, 경제 토대 구축 등 방법으로 소위 혁명역량을 축적했다가 남한 내 정치 경제 사회 불안과 혼란을 조성, 소위 인민민주주의 혁명 전략에 입각하여 현 정부 전복을 획책해온 대표적인 간첩단 사건"이라며 울릉도 거점 대규모 간첩망 일당 47명을 지난달 하순경에 검거했다고 발표했다.[14] 독재자가 자신의 영구집권을 위해서라면 평범한 일상을 살던 사람들을 고문에 못 이겨 허위자백하도록 만들어

울릉도 간첩단 조작 사건

거리낌 없이 간첩이라는 무시무시한 주홍 글씨를 붙여 무고한 옥살이를 하도록 만드는 유신독재체제. 그렇게 1974년 봄 대한민국은 공안통치의 시대를 살고 있었다.

제2장

하나가 된 두 개의 사건:
수사와 재판 과정

조수룡

1. 체포와 구속 수사

1974년 2월 3일 아침 7시 30분, 김용득金容得이 서울시 관악구 봉천동 자택에서 체포되었다. 그와 임의동행한 수사관의 보고에 따르면 김용득의 혐의에 관한 첩보는 1972년 11월경 중앙정보부 정보원 최 모로부터 입수되었다. 중정은 약 두세 달 간의 내사 끝에 김용득을 체포했다. 그의 혐의는 국가보안법 및 반공법 위반이었다. 1963년부터 간첩 전영관全永寬과 회합, 월북, 북한 측에 남한의 내부 사정 누설, 남한 내 세력을 포섭하라는 지령 접수, 조선로동당 입당, 라디오통신을 통한 북한의 대남지령 청취, 공작금 수령 등이 구체적인 혐의였다.[1] 그는 이른바 '울릉도 거점 간첩단 사건'의 첫 체포자였다.

다음 날 밤 11시에는 전영봉이 봉천동 자택에서 체포되었다. 다들 곤히 잠자고 있던 그의 집에 수사관 네댓 명이 들이닥쳤다. 그들은 자신들이 치안국에서 나왔다고 말하며 조사할 것이 있으니 동행할 것을 요구했다. 서에서 나왔다는데 따라나서지 않을 수 없었다. 그러나 도착한 곳은 다름 아닌 중앙정보부 남산분실이었다.[2]

가장 먼저 체포된 이 두 사람의 진술에 의해 관련자들이 줄줄이 체포되었다. 2월 중순 서화수, 전원술, 전영관, 전석봉, 손두익 등 사건 연루자가 대부분 체포되었다. 중앙정보부는 2월 13일에서 20일 사이에 울릉도 사건 연루자 27명을 구속하였다. 그리고 3월 4일에는 김용득, 전영봉, 손두익, 박인조, 서화수, 전원술, 전국술, 전서봉, 김장곤, 전석봉, 전성술, 전연순, 전경술, 정의출, 한학수, 한명국, 한명도, 안월득 이상 18명을 기소 의견으로, 정덕훈, 조상종, 전주봉, 김용화, 정계월, 권수봉, 전경순, 홍영태 이상 8명을 불기소 의견으로, 김용호를 기소 중지 의견으로 검찰에 송치하였다.[3] 이때까지만 하더라도 중정이 파악한 '울릉도 거점 간첩단 사건'은 직파간첩 전덕술과 그가 포섭한 삼촌 전영관을 중심으로 울릉도 지역의 친지들이 연루된 사건이었다.

한편 같은 달 중정은 전북과 일본 지역에서 다른 건의 간첩단 사건을 수사하고 있었다. 중정은 이사영이 간첩 혐의를 두고 조사 중인 재일 사업가 이좌영과 접선하였다는 첩보를 입수하여 2월 15일 서울시 성동구 자택에서 그를 체포하였다. 같은 날 이지영과 이성희가, 이튿날 최규식이 체포되었다. 이지영과 최규식 등의 진술에 의해 3월에는 하석순, 홍봉훈, 이태영, 유창렬, 김종호, 이한식 등이 잇달아 체포되었다. 이때까지만 하더라도 중정이 부여한 사건 명칭은 '일본을 거점으로 한 간첩 사건'이었는데, 이는 최규식 등 4인의 건을 지칭하는 것이었다.[4] 이사영과 이지영 등의 건, 이성희의 건은 각각 별건의 사건

울릉도 간첩단 조작 사건

으로 접수하였다. 다만 이 사건들은 모두 이좌영을 중심으로 연결되었다는 공통점이 있었다.

그렇다면 중정 수사관들은 언제부터 이 사건들을 모두 '울릉도 거점 간첩단'이라고 하는 하나의 간첩단 사건으로 '설계'하려 했을까? 아마도 이들은 전영관의 심문 과정에서 단서를 찾은 것으로 보인다. 2월 28일 작성된 진술서에 따르면 전영관은 다음과 같이 진술했다.

본인은 북한노동당(중앙당) 직속 울릉도거점연락책으로 활동 중 1969년 초부터 울릉도에서 간첩 전덕술 침투로 인한 수사작전이 전개되므로서 본 인신변에 위험을 느끼고 당시 소지하였든 암호문건 등을 전부 소각하고 활동 중지하고 있든 중 일본을 거점으로 대남간첩활동 중에 있는 노동당 소속 연락책 이좌영(47세)과 1970년 8월 경부터 서울에서 접선케 되여 활동을 재개하게 되였는바 동 이좌영과 접촉 상황은 아래와 같습니다.[5]

위 진술서에서 전영관은 1970년 8월, 1971년 2월과 4월 이좌영과 접촉한 사실이 있다고 시인했다. 이러한 상황에 대해 사건 피해자들의 재심사건 변론에 참가했던 이명춘 변호사는 다음과 같이 설명한다.

사업체 운영 중에 울릉도에 어떤 선생인지는 모르겠지만, 한 선생이, 그 만나서 사업을 같이 하는 게 있었어. 근데 이 건을 털다가, 이좌영을 털다가, 이좌영이랑 거래한다니까 그 사람을 잡아서, 했는데 그 사람이 북에 갔다 온 것을 자백을 해. 고문을 심하게 했겠지. 그래가지고 울릉도 사건이 이렇게 터진 거야. 한사람 자백하면, 인자 형제간 집안도 다 조지고.[6]

즉 중정 수사관들은 이좌영을 중심으로 한 일본 거점 간첩단 사건을 기획하고 관련자들을 조사하던 중, 마침 직파간첩 전덕술을 중심으로 한 울릉도 사건의 핵심 관련자 전영관이 이좌영과 접촉한 사실을 알게 되었다. 그리하여 중정 수사관들은 전영관을 심문하여 이좌영과 연계된 간첩활동에 관한 진술을 얻어낼 수 있었던 것이다.

애초 중정은 울릉도와 전북 지역의 사건을 별개로 인지하였다. 전북 지역의 사건도 단일 사건이 아니었다. 이좌영을 조사하던 중 그와 관련하여 첩보가 입수된 사람들을 각각 체포한 것이다.

중정은 자신들이 원하는 그림을 만들어내기 위해 자신들에게 익숙한 방법을 동원했다. 2월 18일 중정 남산분실에 도착한 손두익은 그날부터 혹독한 고문에 시달렸다. 팔뚝만 한 각목을 뒷무릎에 끼우고 올라가 밟는다거나, 손 씨를 젖은 모포 속에 둘둘 말고는 마구 구타하는 등의 방법이 동원되었다. 손 씨에게서 원하는 답이 나올 때까지 수사관들은 고문을 반복했다. 최규식에게는 물고문이 가해졌다. 욕조에 머리를 처박는가 하면 얼굴에 수건을 덮고 물을 뿌리기도 했다. 은행원으로 근무하던 전국술은 남산에 끌려가 큰형 전덕술과의 연계를 추궁당했다. 거듭해서 각목으로 맞다가 혼절하고, 깨어나서는 수사관들이 불러주는 대로 자술서를 받아 적는 패턴이 반복되었다. 삼촌 전영관을 따라 해변으로 가서 큰형의 탈출을 도왔다거나, 삼촌이 북한으로 무전을 치는 것을 돕기 위해 발전기를 돌렸다거나 하는 허위 자술서를 스스로 작성했다.[7] 이렇게 작성된 허위 자술서는 유신체제하의 법정에서 증거로 인정되었다.

울릉도 간첩단 조작 사건

2. 중정의 사건 발표

1974년 3월 15일 중앙정보부장 신직수는 기자회견을 열고 '울릉도 거점 간첩단' 47명을 검거했다고 발표했다. 이 자리에서 그는 "북괴가 남한 적화 혁명을 목적으로 그들의 공작원을 직접 남파시키거나 일본을 통해 우회 침투시켜 … 소위 인민민주주의 대남 혁명전략에 입각하여 현 정부 전복을 획책해온 대표적인 간첩단 사건"이라고 규정했다. 사건 개요에 대해서는 다음과 같이 설명했다.[8]

> 울릉도 출신 간첩 전영관 김용득 전영봉 일당은 62년 12월부터 74년 2월까지 울릉도를 전진기지로 구축, 북괴를 왕래했고 3천 4백여만 원의 공작금으로 인쇄소 기원棋院 전화매매상 등의 위장업체와 어선을 가장한 공작선박 등을 구입 운영하는 한편 혈연관계를 중심으로 30여 명 규모의 지하망을 구축하고 지식인과 고급공무원 등 10여 명으로 서클 〈아생회我生會〉를 조직하는 한편 현역 및 예비역 장교 20여 명으로 〈65동지회〉를 조직, 지식층과 군부 침투 토대 구축을 기도했다.

> 63년 4월부터 71년 10월까지 10여 회에 걸쳐 일본으로부터 내왕하면서 국내 고정 간첩망 부식扶植과 통일전선 형성을 획책해온 재일 간첩 이좌영에게 포섭된 전북대 교수 간첩 이성희, 공화당 부안지구 부위원장 최규식, 동 진안鎭安지구 조직부장 유창렬, 신민당 진안지구 조직부장 이한식 및 고창 농촌지도원 김영권 등 일당은 65년 10월부터 74년 2월까지 유학 또는 농업기술연수 명목으로 일본에 체류하면서 북괴를 왕래하거나 재일 북괴 공

'울릉도 거점 간첩단 사건'을 발표하는 중앙정보부장 신
직수 (출처: 민주화운동기념사업회)

작조직으로부터 간첩교육을 받고 국내에 잠입, 전북 일대를 중심으로 〈위
친계(爲親契)〉, 〈농사개량 구락부〉 등 서클을 조직, 동조자 규합 토대를 구축
하는 한편 유사시 교수 및 학생 동원에 결정적 영향력을 행사하기 위해 대
학 총장 운동을 전개하고 군부 내 망 부식을 목적으로 모 장군 포섭을 시도
하는 등 간첩활동을 자행해왔다.[9]

중정은 '울릉도 거점 간첩단'이라는 하나의 사건으로 발표했지만,
기자회견에서 발표한 사건 개요만 살펴보아도 이것이 두 개의 사건임
을 짐작하기는 어렵지 않다. 위 인용문에서 알 수 있듯이 중정은 울릉

울릉도 간첩단 조작 사건

도 지역 관련자들과 전북 지역 관련자들 사이의 어떠한 연계도 제시하지 않았다. 중정은 수사과정에서 이좌영이라는 연결고리를 찾아내긴 했지만, 그는 주로 전북 지역 관련자들과 연루되었을 뿐 울릉도 사건과는 관련이 없었다. 전영관과 두 차례 만난 것이 중정이 찾아낸 연계의 전부였다. 이 때문에 울릉도 사건에 관한 설명에서는 이좌영이란 이름도 언급하지 않았던 것이다. 전영관에 대한 혐의사실 발표에서도 이좌영의 이름은 등장하지 않았다.

다음의 〈도표 2-1〉과 〈도표 2-2〉는 중앙정보부의 사건 발표와 수사기록, 재판기록 등을 토대로 사건 관련자의 관계를 구성한 것이다. 두 그림이 보여주는 것은 두 사건 사이에는 관련자들의 인적 연결이 거의 전무하다는 사실이다. 앞서 언급한 것처럼 전북 사건의 중심에 있는 이좌영이 울릉도 사건 기록에 아주 단편적으로 등장할 뿐이다.

요컨대 중정이 발표한 '울릉도 거점 간첩단' 사건은 단일한 사건이 아니었다. 크게 보아 울릉도에 직파된 공작원 전덕술을 중심으로 한 '울릉도 사건'과 재일 사업가 이좌영을 중심으로 한 '전북 사건'을 인위적으로 합쳐놓은 사건이었다. 사실 '전북 사건'이라고는 표현했지만 이 또한 단일 사건으로 보기 어렵다. 구자현·이을영·이사영·이지영 건, 이성희 건 등으로 각각 분리된 별개의 사건이었다. 이들의 공통점은 단지 일본에서 이좌영을 만나 이런저런 금품과 지원을 제공받았다는 것뿐이다.

유신체제로 접어든 박정희 정부는 1974년 1월 긴급조치 1호를 발령하는 등 상시적 위기와 저항에 직면하고 있었다. 이러한 상황을 정치적으로 타개하기 위해 여론의 이목을 집중시킬 수 있는 대규모 간

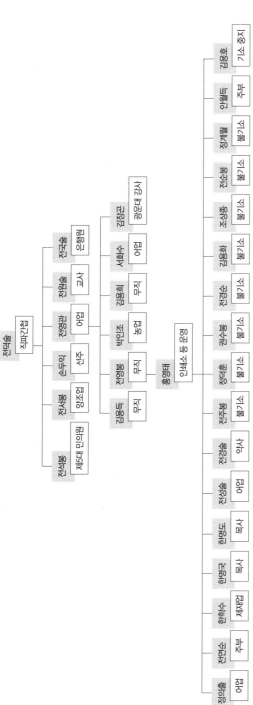

출처: 《1심 공판자료》 1책; 《수사기록》 1책

〈도표 2-2〉 전북 사건 관계도

출처: 《중앙일보》 1974. 3. 15; 《경향신문》 1974. 3. 15; 《1심 판결문》

첩단 사건이 필요했다. 간첩단의 규모가 크면 클수록, 각계각층의 인사가 망라되어 있을수록 여론의 주목도는 높아질 터였다.

'울릉도 사건'이 부풀려진 또 다른 이유 중 하나는 중정의 조직 논리였다. 1973년 8월 김대중 납치 사건과 같은 해 10월 최종길 교수 고문치사 사건으로 인해 중정에 대한 여론은 악화일로로 치닫고 있었다. 또한 북한은 '남조선혁명론'에 따라 1960년대까지는 공작원을 활발하게 남파했지만 1970년대 들어 그 빈도가 확연히 줄었다. 1960년대를 거치며 비대해진 박정희 정권의 대공·방첩 기구는 거대한 조직을 계속 유지해야 하는지 의심받고 있었다. 중정의 입장에서는 상황을 반전시키기 위한 '큰 것 한 방'이 필요한 시점이었다. 이 때문에 중정은 내사 상태를 유지하고 있던 이런저런 수사 건들을 하나의 간첩단 사건으로 확대·조작할 유혹을 강하게 느끼고 있었고, 그것을 실행에 옮긴 결과가 바로 '울릉도 거점 간첩단' 사건이라고 할 수 있다.

3. 재판 과정과 판결

1974년 3월 23일 검찰은 전영관 등 울릉도 사건 관련자 20명을 기소하였다. 이미 3월 15일에 중정이 울릉도 사건과 전북 사건을 하나의 사건으로 부풀려 발표함에 따라 검찰 또한 법원에 병합 심리를 신청했다. 검찰은 3월 30일 이성희를 기소한 데 이어 전북 사건 관련자들에 대한 공소를 잇달아 제기하면서 이 사건들을 울릉도 사건과 병합 심리할 것을 요청했다. 이에 따라 네 건의 사건이 하나로 합친 1심 공

첫 공판장에 출두한 '울릉도 거점 간첩단 사건'의 피고인들 (출처: 민주화운동기념사업회)

판이 4월 17일부터 7월 24일까지 10차에 걸쳐 진행되었다.

현재 입수 가능한 1심 공판 기록이 일부에 불과한 관계로 재판 과정을 모두 확인하기는 어렵다. 현재 확인 가능한 것은 1차 공판과 10차 선고 공판, 그리고 9차 공판 속기록의 일부뿐이다. 또한 재판부가 1차 공판에서 사건의 병합 심리를 고지하였기 때문에 1차 공판은 울릉도 사건 20명에 대한 기소 요지 진술과 피고인 심문으로 진행되었다. 따라서 지금으로서는 이에 대한 공소 사실밖에 확인할 수 없다. 이를 정리하면 〈표 2-1〉과 같다.

〈표 2-1〉을 통해 알 수 있는 것은 중정이 "인원과 지역의 광범위함에 있어서 간첩 검거 사상 최대 규모"라고 언론에 발표한 것과 달리, 검찰의 실제 공소 내용은 상당히 빈약했다는 점이다. 3월 중정의 기자

울릉도 간첩단 조작 사건

포승에 묶인 채 재판정에 앉아 있는 '울릉도 거점 간첩단 사건'의 피고인들 (출처: 민주화운동기념사업회)

회견 당시 신직수는 손두익, 박인조, 서화수 등 단순 연루자들(〈표 2-1〉
의 5~20번) 또한 입당·포섭 등 공작 활동에 적극적이었던 것으로 발
표했지만, 공소 내용에는 이러한 주장이 거의 담겨 있지 않았다. 단순
연루자 15명에게는 대부분 반공법 제7조(편의제공) 및 제8조(불고지)와
같은 비교적 가벼운 혐의만을 적용하였다.

　이는 이 사건의 관련자들이 대부분 간첩활동에 적극적으로 가담하
지 않았고, 이들의 활동은 전덕술 등 간첩활동을 한 친인척의 일부 편
의를 봐주거나 이들을 신고하지 않는 등 묵인에 가까운 행위에 불과
했음을 보여준다. 전덕술의 매부 정의출이 술에 취해 아내 전연순에
게 "영관이가 이북에 갔다 온 것을 내가 알고 있다. 폭로하면 너희들
전가田家는 망한다"라고 소리쳤다는 공소 사실의 내용은 이 사건의 본
질을 대변해준다.[10] 울릉도 사건은 직파간첩 전덕술과 그에게 포섭 내

지는 동조하여 북한에 다녀온 전영관 등 몇몇 인물을 제외하면, 같은 마을에서 항상 부대끼며 사는 친인척을 차마 내치거나 신고하지 못한 '불고지 사건'인 것이다. 이들의 입장에서 보면 수십 년 만에 만난 조카 전덕술을 숨겨주고 신고하지 않은 탓에, 정의출의 말대로 울릉도 도동에 사는 전씨 일족이 망하게 된 셈이다.

1심 재판은 1차 공판으로부터 선고 공판까지 불과 세 달밖에 걸리지 않았다. 재판은 사실상 상당 부분이 고문에 의해 작성된 허위 자술서와 그에 기반한 공소장을 인정하는 요식행위에 지나지 않았다. 1심 재판부는 구자현의 혐의 일부만 무죄로 판결하고 나머지 공소 사실 대부분을 받아들였다. 1심 제1차 공판에서 피고인들은 공소장에 기초한 검사의 심문에 "예, 그렇습니다"로 일관했다. 자술서와 공소장의 내용을 피고인들이 대체로 인정한 이상 특별한 쟁점이 부각될 리가 없었다. 2심과 3심 재판의 분위기도 크게 다르지 않았다. 대법원 확정 판결이 1975년 4월 8일에 이루어졌으니 기소로부터 1년밖에 걸리지 않은 것이다. 고등법원과 대법원 또한 원심 판결을 대부분 인용했다. 그 결과를 요약하면 〈표 2-2〉와 같다.

〈표 2-1〉 울릉도 사건 관련자의 공소 내용

연번	성명	주요 공소 사실	주요 죄목
1	전영관	– 1962년 12월 남파간첩 전덕술에게 포섭되어 월북, 입당 – 각종 지령 및 미화 5천 달러, 암호문건 등 수령 – 전영봉 대동 월북	– 국가보안법 제2조(군사목적수행), 제3조(국가기밀탐지), 제5조(자진지원, 금품수수) – 반공법 제5조(회합, 통신), 제6조(잠입, 탈출) – 형법 제98조(간첩), 제31조(교사범)
2	김용득	– 1964년 4월 전영관에게 포섭되어 월북, 입당 – 정부 구성 임원의 성분 등 국가기밀 제보 – 각종 지령 및 한화 100만 원, 암호문건 등 수령	– 국가보안법 제2조(군사목적수행), 제3조(국가기밀탐지), 제5조(자진지원, 금품수수), 제7조(미수범) – 반공법 제5조(회합, 통신), 제6조(잠입, 탈출) – 형법 제98조(간첩), 제100조(미수범)
3	전영봉	– 1963년 11월 전영관에게 포섭되어 월북, 입당 – 한국군의 상황 등 군사 기밀 제보 – 각종 지령 및 한화 30만 원, 암호문건 등 수령 – 1966년 10월 홍영태 대동 월북	– 반공법 제5조(회합, 통신), 제6조(잠입, 탈출) – 국가보안법 제2조(군사목적수행), 제3조(국가기밀탐지)
4	김용희 (전영관의 처)	– 1963년 2월 전영관에게 포섭되어 입당 – 한화 180만 원 수령, 무인포스트 설치 후 대북 보고 – 전영관, 김용득, 전영봉 간 연락 임무 수행	– 반공법 제6조(잠입, 탈출) – 형법 제98조(간첩)
5	손두익	– 1962년 12월 전덕술에게 포섭되어 전영관 등의 활동 지원 – 1965년 11월 월북, 거진항과 울릉도의 정보 제보	– 반공법 제5조(회합, 통신) – 국가보안법 제5조(자진지원, 금품수수) – 형법 제98조(간첩)
6	박인조	1963년 5월 전영관에게 포섭되어 공작금 전달, 군사기밀 탐지 보고	– 반공법 제7조(편의제공) – 형법 제98조(간첩)
7	서화수	1963년 2월 전영관에게 포섭, 김용득의 월북 탈출 및 잠입을 방조	– 반공법 제6조(잠입, 탈출) – 형법 제98조(간첩), 제100조(미수범), 제32조(종범)

연번	성명	주요 공소 사실	주요 죄목
8	전원술	– 1962년 12월 전덕술에게 포섭, 미화 1000불 등 수수 – 전덕술, 전영관 등의 간첩활동 방조	형법 제98조(간첩)
9	전국술 (전덕술의 동생)	1962년 12월 전덕술에게 포섭, 간첩활동 방조	형법 제98조(간첩)
10	전서봉	1962년 12월 전덕술에게 포섭, 간첩활동 방조	– 반공법 제7조(편의제공) – 형법 제98조(간첩), 제100조 (미수범)
11	김장곤 (전영관의 생질)	1963년 11월 전영관에게 포섭, 무전기를 수령·은닉	형법 제98조(간첩)
12	전석봉 (전덕술의 삼촌)	1962년 12월 전덕술과 접선, 전영관 등에게 회합 장소와 숙식 제공	반공법 제7조(편의제공)
13	전성술 (전영관의 조카)	전영관의 잠입·탈출을 불고지	– 반공법 제8조(불고지죄) – 국가보안법 제9조(불고지)
14	전연순	전영관의 잠입·탈출을 불고지	– 반공법 제8조(불고지죄) – 국가보안법 제9조(불고지)
15	전경술	전영관의 잠입·탈출을 불고지	– 반공법 제8조(불고지죄) – 국가보안법 제9조(불고지)
16	정의출	전영관의 잠입·탈출을 불고지	– 반공법 제8조(불고지죄) – 국가보안법 제9조(불고지)
17	한학수	전영관 등에게 무전 교신 장소 제공	– 반공법 제5조(회합, 통신), 제7조 (편의제공) – 국가보안법 제5조(자진지원, 금품수수)
18	한명국	전영관의 통신을 불고지	– 반공법 제8조(불고지죄) – 국가보안법 제9조(불고지)
19	한명도	전영관의 통신을 불고지	– 반공법 제8조(불고지죄) – 국가보안법 제9조(불고지)
20	안월득	전영관의 잠입·탈출을 불고지	– 반공법 제8조(불고지죄) – 국가보안법 제9조(불고지)

출처: 《1심 공판자료》 1책

울릉도 간첩단 조작 사건

울릉도 사건

성명	1심 선고	확정 판결
전영관	사형	사형
김용득	사형	사형
전영봉	사형	사형
김용희	징역 10년, 자격정지 10년	징역 10년, 자격정지 10년
손두익	징역 15년, 자격정지 15년	징역 10년, 자격정지 10년
박인조	징역 10년, 자격정지 10년	징역 10년, 자격정지 10년
서화수	무기징역	무기징역
전원술	징역 7년, 자격정지 7년	징역 7년, 자격정지 7년
전국술	징역 7년, 자격정지 7년	징역 7년, 자격정지 7년
전서봉	징역 10년, 자격정지 10년	징역 7년, 자격정지 7년
김장곤	징역 7년, 자격정지 7년	징역 7년, 자격정지 7년
전석봉	징역 3년, 자격정지 3년	징역 3년, 자격정지 3년, 집행유예
전성술	징역 1년, 자격정지 1년, 집행유예	징역 1년, 자격정지 1년, 집행유예
전연순	징역 1년, 자격정지 1년, 집행유예	징역 1년, 자격정지 1년, 집행유예
전경술	징역 1년, 자격정지 1년	징역 1년, 자격정지 1년
정의출	징역 1년 6월, 자격정지 1년 6월	징역 1년 6월, 자격정지 1년 6월, 집행유예
한학수	징역 1년, 자격정지 1년, 집행유예	징역 1년, 자격정지 1년, 집행유예
한명국	징역 1년, 자격정지 1년	징역 1년, 자격정지 1년, 집행유예
한명도	징역 1년, 자격정지 1년	징역 1년, 자격정지 1년, 집행유예
안월득	징역 1년, 자격정지 1년, 집행유예	징역 1년, 자격정지 1년, 집행유예

전북 사건

성명	1심 선고	확정 판결
구자현	징역 12년, 자격정지 12년	징역 10년, 자격정지 10년
이을영	징역 12년, 자격정지 12년	징역 10년, 자격정지 10년
이사영	무기징역	징역 15년, 자격정지 15년
이지영	징역 5년, 자격정지 5년	징역 3년, 자격정지 3년
이성희	사형	무기징역
최규식	사형	무기징역
김영권	무기징역	무기징역
유창렬	징역 10년, 자격정지 10년	징역 10년, 자격정지 10년
이한식	징역 5년, 자격정지 5년	징역 5년, 자격정지 5년
이태영	징역 2년, 자격정지 2년	징역 2년, 자격정지 2년
홍봉훈	징역 3년, 자격정지 3년	징역 2년, 자격정지 2년
하석순	징역 1년 6월, 자격정지 1년 6월	징역 1년 6월, 자격정지 1년 6월

출처: 〈판결문〉 (서울지방법원); 〈판결문〉 (서울고등법원); 〈판결문〉 (대법원)

제3장

중앙정보부와 차철권

조수룡

1. 한국현대사와 중앙정보부

정보기관이라 하면 국내외 정보를 수집하며 첩보, 방첩, 보안 등의 활동을 하는 국가기관을 말한다. 국가는 물론 어떤 조직의 운영에서 정보의 중요성은 말할 필요도 없다. 진주만 공습, 한국전쟁, 가까이는 9·11테러에 이르기까지 정보의 실패가 국가의 존망과 연결되는 사례를 우리는 수도 없이 보아왔다. 이 때문에 어느 나라의 정부 조직에서나 정보기관은 중요한 자리를 차지하고 있다.

정보 업무에 종사하는 사람들 사이에서는 정보기관의 모델로 흔히 모사드MOSSAD와 사바크SAVAK가 비교된다. 모사드는 이스라엘의 정보기관으로 1979년까지 그 존재조차 베일에 싸여 있었다. 팔레스타인을 비롯한 적대적 주변국에 둘러싸인 이스라엘의 안보와 관련된 온갖 은밀한 일들을 도맡으면서 정보기관의 롤모델로 흔히 언급된다.

사바크는 이란 팔레비 왕조 시대의 정보기관 겸 비밀경찰이다. 왕정에 반대하는 반체제 인사들을 체포·고문하고 정권을 보위하는 역할에 충실했다. 마지막 안기부장이자 초대 국정원장인 이종찬은 "사바크가 아니라 모사드가 돼야 한다"는 표현으로 정권안보와 국가안보에 각각 충실했던 두 기관을 대비시키곤 했다.[1]

이러한 관점에서 보면 5·16쿠데타 직후 창설된 중앙정보부는 태생부터 정권안보에 충실한 기관이었다. 쿠데타로 성립된 국가재건최고회의가 이른바 "혁명정부를 보호"하기 위해 창설한 기관이 중앙정보부였기 때문이다. 중앙정보부 창설을 주도하고 초대 부장이 된 김종필은 "외부 세력이 혁명에 반기를 들고 일어나는 것을 막고 … 혁명정부를 보호하는 역할을 수행"하기 위해 중앙정보부를 창설했다고 공공연히 말했다.[2]

이처럼 처음부터 박정희 군사정권을 보호하기 위해 태어났던 중앙정보부는 그 몰락도 정권과 함께했다. 박정희 사후 정권을 장악한 신군부는 1981년 1월 중앙정보부를 국가안전기획부로 개편하였다. 신군부는 신군부대로 박정희와 김재규의 조직인 중앙정보부가 아니라 자신들의 정권을 보호할 기관이 필요했기 때문이다. 군사정권의 안보를 위해 존재했던 중앙정보부가 정권의 몰락과 함께 사라지는 것은 어찌 보면 자연스러운 귀결이었다. 이처럼 중앙정보부는 탄생부터 몰락에 이르기까지 국가안보보다는 정권안보에 충실했던 기관이라 할수 있다. 박정희 정권의 종지부를 김재규의 총성이 대신한 것이 정권보위 기구로서 중앙정보부의 성격을 역설적으로 보여준다.

울릉도 간첩단 조작 사건

2. 중정의 창설 과정

중정의 창설 작업은 쿠데타 직후부터 추진되었다. 이는 정보기관의 창설이 쿠데타 세력에게 그 성패를 좌우하는 핵심적 요소로 간주되고 있었음을 뜻한다. 이석제의 증언에 따르면 중정의 설치는 박정희와 김종필의 아이디어였으며, 처음부터 쿠데타 계획에 포함되어 있었다고 한다.[3] 자타공인 '혁명의 설계자'인 김종필은 5월 16일 쿠데타 당일 육군첩보부대HID 첩보과장으로 근무하고 있던 육사 8기 동기 최영택을 만나 중정의 조직 임무를 맡겼다. 이후 최영택은 서정순, 이영근, 김병학, 고제훈 등과 함께 중정 조직에 착수했다. 이들은 모두 과거 육군본부 정보국장 백선엽이 육사 8기생 가운데 30명을 골라 뽑은 청정회淸情會라는 모임의 멤버였다. 최영택은 장면 정부의 정보기관인 '중앙정보연구회'의 연구실장 이후락으로부터 업무와 인력을 인수했다. 그리고 이영근과 서정순 등은 중앙정보부법 초안을 만든 뒤 박정희의 법무참모 역할을 하고 있던 신직수 변호사에게 검토를 받았다. 이 법안이 6월 10일 정식 공포됨으로써 중앙정보부가 설치되었다.[4]

당시 함께 공포된 국가재건최고회의법에는 다음과 같은 조문이 있었다.

중앙정보부—공산세력의 간접 침략과 혁명과업 수행의 장애를 제거하기 위해 최고회의에 정보부를 둔다. (18조)

쿠데타 세력은 중정을 "혁명과업 수행의 장애를 제거"하기 위한 수단으로 규정하였다. 중정은 처음부터 국가안보를 위한 정보기관이 아닌 정권 보위를 위한 친위 기관으로 출발하였던 것이다.

중앙정보부법의 내용을 보면 중정은 정부의 모든 정보수사 활동을 조정·감독하고 최고회의 외에는 누구의 통제도 받지 않는 그야말로 무소불위의 권력을 갖도록 규정되었다. 중앙정보부법의 주요 조문을 살펴보면 다음과 같다.

제1조(기능) 국가안전보장에 관련되는 국내외 정보사항 및 범죄수사와 군을 포함한 정부각부 정보수사활동을 조정감독하기 위하여 국가재건최고회의(이하 최고회의라 칭한다) 직속하에 중앙정보부를 둔다.

제4조(직원의 권한, 의무)
① 부장은 최고회의 의장의 명을 받아 중앙정보부의 업무를 장리하고 소속 직원과 제1조에 규정된 정보수사에 관하여 국가의 타 기관 소속 직원을 지휘감독한다.

제6조(수사권)
① 중앙정보부장, 지부장 및 수사관은 소관업무에 관련된 범죄에 관하여 수사권을 갖는다.
② 전항의 수사에 있어서는 검사의 지휘를 받지 아니한다.

제7조(타기관의 협조)
① 중앙정보부의 직원은 그 업무수행에 있어 필요한 협조와 지원을 전 국가

　　　　　　　　　　　　　　　　울릉도 간첩단 조작 사건

기관으로부터 받을 수 있다.

위 법에 따르면 중앙정보부는 타 기관 소속 직원을 지휘·감독하며, 수사권을 갖되 검사의 지휘도 받지 않고 필요한 협조와 지원을 모든 국가기관으로부터 받을 수 있었다. 말하자면 최고회의 의장의 명을 수행하는 '암행어사'나 마찬가지였다. 이후 박정희 정권하에서 중앙 정보부가 자행한 온갖 국가폭력과 인권침해는 이처럼 견제받지 않는 무소불위의 권력으로부터 비롯된 것이다. 박정희—전두환—노태우 로 이어지는 3대에 걸친 '군인 대통령의 칼'이었던 중앙정보부—안 기부는 이렇게 창설되었다.[5]

3. 중정의 조직 체계와 활동

창설 당시 중앙정보부는 총무국(1국), 해외정보국(2국), 수사국(3국), 교육발전국(5국), 통신실, 감찰실 및 비서실의 4국 3실로 출발했다. 초대 부장 김종필 외에 서정순(기획운영 차장), 이영근(행정관리 차장), 강창진(총무국장), 석정선(해외정보국장), 고제훈(수사국장), 최영택(교육 발전국장) 등으로 간부진이 구성되었다. 그중에서 수사국은 헌병, 범 죄수사대, 방첩대, 경찰에서 뽑아 온 사람들로 채워졌다. 식민지 시 기 사상경찰인 특별고등경찰 출신으로 해방 후 경찰과 특무대에서 활동하며 고문과 조작을 자행했던 수사관들도 상당수 포함되어 있 었다.[6] 제4대 중앙정보부장이었지만, 훗날 권력에서 소외된 이후 미

국에서 박정희 정권을 고발하는 활동을 벌인 김형욱은 다음과 같이
회고했다.

이들 직업수사관들의 전직은 사찰계 형사, 방첩부대 문관, 헌병 하사관, 심
지어 일제치하에서 설치던 조선인 헌병과 밀정 등 형형색색이었다. 그 중
어떤 사람은 일제치하에서는 일본 순사로서 독립 운동가들을 때려잡다가
자유당 치하에서는 야당을 때려잡다가 한때 공산당이 서울을 점령했던 시
절에는 우익 민주인사를 때려잡다가 나중에는 공산당 간첩을 때려잡은 '천
의 얼굴'을 가진 사나이도 있었다. 그들에게는 소위 '이데올로기'란 하나의
겉치레에 불과하였다. 그들은 어떤 이데올로기의 이름으로 어떤 사람들도
때리고 고문할 수 있는 천부적인 재능을 가진 무정부주의자들이었다. 그들
은 누구든지 증오할 수 있고 어떤 고문술도 개발할 수 있으며 피의자를 학
대함으로써 자신을 확인하는 '새디스트'들이었다.[7]

이렇게 출발한 중정은 당시 쿠데타 세력의 핵심적 사업에 대부분
간여하고 있었다. 중정은 공화당 창당, 4대 의혹 사건, 한일 국교 정
상화 등 주요 현안에 깊숙이 개입하고 있었다. 정부 부처와 산하기관
들은 문책이 두려워 사사건건 중정에 문의하여 지침을 받고 있었다.
또한 행정차장 이영근은 신당 창당을 책임지고 있었다.

사정이 이러하다 보니 중정 조직도 점차 비대해질 수밖에 없었다.
1961년에서 1962년 사이에 먼저 부장 직속으로 정책연구실이 설치
되었다. 그리고 4국으로 출발한 기본 조직도 확대되었다. 기획운영
차장 밑에 정보차장보와 보안차장보를 두어 업무를 크게 정보와 보

안으로 구분하였다. 석정선이 맡은 정보차장보 산하에는 1국(해외정보수집), 2국(해외정보분석), 3국(국내정보)을 두었고, 오탁근이 맡은 보안차장보 산하에는 5국(대공수사), 6국(특수정보활동), 7국(총무)을 두었다.[8]

이후 재임 기간이 45일에 불과한 2대 부장 김용순을 거쳐 3대 부장이 된 김재춘은 대대적인 인사 개편을 단행하여 자신과 대립하고 있던 육사 8기 출신을 축출하였다. 그러나 김재춘 또한 5개월 만에 경질되고 4대 부장으로 김형욱이 임명되었다. 그는 1963년 7월부터 1969년 10월까지 재임한 최장수 중앙정보부장이며, 3선개헌을 완성한 제3공화국의 주역이었다.

그 또한 취임하자마자 인사를 단행했다. 박정희의 직계이자 7대 부장이 되는 신직수를 차장에 기용하고 제1국장 이철희(해외공작), 제2국장 윤일균(해외정보), 제3국장 김영민(국내정보), 제5국장 김세배(수사), 제6국장 민찬식(총무)을 새로 임명했다.[9] 그리고 김재춘 부장 시기 6국이 담당한 특수정보활동, 즉 특명수사를 담당한 7국, 심리전을 담당한 8국도 존재했던 것으로 보인다. 이후 얼마 지나지 않아 심리전국은 7국으로 개편되었고, 기존 7국이 담당한 특명수사 업무는 대공수사를 담당한 5국에 흡수된 것으로 보인다. 1970년대 들어 특명수사 업무는 다시 6국(안전국)으로 부활하여 정치 사찰과 수사 및 각종 특명 사항을 전담하며, 대공수사를 담당한 5국과 함께 '육內국'으로 악명을 떨치게 된다.

4. 간첩단 조작 사건의 배경, 유신과 이후락의 실각

김계원의 뒤를 이어 6대 중앙정보부장이 된 이후락의 가장 중요한 임무는 1971년 제7대 대통령 선거에서 박정희를 3선에 성공시키는 것이었다. 중정은 사실상의 대선 '선거사령부'였다. 혹자는 1971년 대선이 기실 김대중과 중정의 대결이었다고 표현할 정도였다. 이후락은 중정 고위 간부들의 집무실을 아예 세종로 정부종합청사로 옮기고 선거를 진두지휘했다. 또한 보안사와 함께 《다리》지 사건, '학원 침투 유학생 간첩단 사건' 등을 터트려 공안 여론을 조성했다. 중정 보안차장보를 지낸 강창성에 따르면 당시 뿌린 선거자금만 700억 원에 달했다.[10]

그럼에도 불구하고 선거 결과 불과 94만여 표 차이로 신승을 거둔 박정희는 이후 재집권에 대한 불안감이 크게 높아졌다. 한 달 후 치러진 총선에서 공화당은 비록 과반 의석을 확보했지만 개헌 저지선에 크게 못 미쳤고, 신민당은 43.5%를 득표하는 저력을 보였다. 마침내 박정희는 같은 해 12월 국가비상사태를 선포한 데 이어, 이듬해 10월에는 유신을 선언하였다. 이 유신체제를 준비한 공작 또한 중정에서 맡았다. 이후락은 '풍년사업'이라는 암호명 아래 궁정동 안가에서 이를 기획하였다.

유신체제를 완성한 시점이 이후락과 중정 권력의 정점이었다. 윤필용 사건으로 박정희의 신임을 잃은 이후락은 자신이 주도한 김대중 납치 사건이 실패하면서 실각의 길로 접어들었다. 1973년 10월 터진 최종길 교수 사망 사건 또한 이후락의 몰락을 재촉했다. 서울대 법대 교수로 재직하던 최종길은 '유럽 거점 간첩단 사건'과 관련하여 중정에서 조사를 받던 중 사망했다. 당시 그의 동생 최종선이 중정 감찰실 직원으로 근무하고 있었는데, 중정은 그를 비롯한 가족에게 최종길이 혐의를 시인한 후 투신자살했다고 설명했다. 가족의 시신 확인도 거부하고 혐의를 시인한 자필 기록도 남아 있지 않으며, 투신 현장이라는 곳에는 핏자국조차 남아 있지 않았기 때문에 최종선은 형이 고문으로 사망했다고 확신했다.[11]

자신의 안전을 지키고 진실을 밝히기 위해 정신병원에 입원한 최종선은 이듬해 12월에 명동성당을 찾아가 천주교정의구현사제단에 〈나의 양심선언〉이라는 제목의 수기를 전달했다. 사흘 뒤《뉴욕타임스》가 최종길 의문사를 보도하는 등 이 사건은 세간의 이목을 끌었고, 훗날 제6공화국에서도 검찰 수사가 이루어졌지만 결국 영구 미제 사건으로 남았다. 하지만 대학 교수와 같은 엘리트가 조사실에서 사망한 사건은 이후락과 중정에 큰 부담이 될 수밖에 없었다. 이후락이 정치적으로 몰락한 가장 큰 원인은 김대중 납치 사건이었지만, 연이어 터진 최종길 교수 사망 사건 등도 한몫했다. 최종길 교수가 사망한 다음 달인 11월에는 담당 주무 수사관인 차철권車鐵權과 보조 수사관 김상원이 각각 견책과 감봉 처분을 받았다. 그다음 달에는 중정 부장 또한 이후락에서 신직수로 경질되었다.

1973년 12월 들어선 신직수 부장 체제의 중앙정보부에게 '정권안보'는 이전에 비해 더욱 절박한 과제였다. 그해 10월 서울대 문리대에서의 대대적인 반유신 데모를 시작으로, 장준하·백기완 등의 개헌청원운동본부 발족, 민주공화당 초대 총재 정구영의 탈당 등 유신체제에 대한 저항이 걷잡을 수 없이 이어졌다. 법률가 출신의 신임 정보부장 신직수는 김기춘, 현홍주와 같은 '젊은 검사'들을 데리고 남산에 들어왔다.[12] 이어 1974년 1월에는 긴급조치 1호가 발표되었다. 대한민국 헌법, 즉 유신헌법을 부정, 반대 또는 비방하는 일체의 행위를 금하며 이를 위반한 자는 15년 이하의 징역에 처한다는 것이 골자였다. 이어 발표한 긴급조치 2호는 긴급조치 위반자를 처벌하기 위한 비상군법회의를 설치하고, 중앙정보부가 긴급조치 위반 사건을 담당하도록 하였다. 현 정부에 대한 비판은 모두 중정이 수사하여 군법회의에 회부되는 중범죄가 되었다. 장기집권으로 인해 일상화된 정치적 위기를 더 큰 폭력으로 잠재우고자 한 것이다.

법조인 출신 신직수는 직전에 있었던 최종길 사망 사건을 의식하여 전임 이후락에 비해서는 고문 조작 등에 소극적이었던 것으로 보인다. 하지만 공안사건에 대한 필요는 정권 보위와 관련된 문제였다. 신직수의 취임 직후 대표적인 공안사건으로 기획된 것이 바로 울릉도 간첩단 조작 사건과 민청학련 사건이었다. 그중에서도 울릉도 간첩단 사건을 조작해낸 주역 중 한 명이 바로 최종길 사망 사건의 주무 수사관이었던 차철권이었다.

5. 간첩단 조작 사건의 설계자, 차철권

차철권은 1927년 경남 함안 출생으로 1947년 국군의 전신인 국방경비대 제15연대에 자원입대했다. 이듬해에 15연대는 여순 사건 토벌

작전에 투입되었는데, 여기서 그는 공을 세워 일 계급 특진하고, 1950년 2월에는 육군 정보국 순천지구 CIC(방첩대) 요원으로 차출되었다. 한국전쟁 때 전공을 세워 충무무공훈장을 받았고, 주로 포로 신문에 참여하며 대공수사 경험을 쌓은 그는 전쟁이 끝난 후 준위까지 진급했다. 만 29세이던 1956년 갑종 118기 교육을 받고 소위로 임관한 후 육군 특무부대에서 근무하다가 1966년 계급정년에 걸려 중위로 예편했다. 그리고 바로 다음 날 3급 군속으로 발령받아 육군방첩부대에서 근무하게 되었다. 그 시절 그는 간첩 검거 등의 공로로 화랑무공훈장 및 대통령 표창 등을 수상했다. 그러나 군속이 된 지 불과 수개월 만에 사표를 제출하고 베트남으로 가서 약 4년간 미국계 반넬회사에서 경비원으로 근무했다. 43세인 1970년 베트남에서 돌아온 그는 중앙정보부에 주사급 요원으로 특채되어 대공수사 부서에서 근무하기 시작했다. 이듬해인 1971년 4월 유럽 거점 간첩단 사건의 제보자인 이필우의 조사를 담당했다. 1973년 10월 유럽 거점 간첩단 사건이 마무리될 무렵 새로운 공작 차원에서 최종길을 조사하던 중 사망케 하였다. 이에 용의자 신변 관리에 소홀했다는 이유로 견책 처분을 받았다.[13]

이후 그는 재일교포 사업가 이좌영에 대한 내사공작 끝에 1974년 2월 이성희와 전영관 등 40여 명을 검거했다. 이른바 '울릉도 거점 간첩단 사건'의 주무 공작관이 바로 차철권이었다. 그의 진술에 따르면 최종길 사망 사건으로 인한 불명예에서 벗어나기 위해 불철주야 노력한 끝에 이러한 성과를 올렸다고 한다. 직전에 맡았던 사건에서 사망사고를 일으켰고, 적당히 무마되기는 했지만 징계까지 받았기 때문에 이를 속히 만회하고 싶은 동기가 분명했을 것이다.

차철권이 이좌영을 내사하기 시작한 것은 1972년 10월로 거슬러 올라간다. 중앙정보부는 당시 서울시 장안동에 있던 신한섬유라는 회사의 사장 최길하崔佶夏를 연행해 조사했다. 이 신한섬유의 사장은 최길하였지만 소유주는 이좌영이었다. 일본에 있던 이좌영은 매제인 최길하를 사장에 앉히고 경영을 맡겼던 것이다. 중정은 최길하를 통해 이좌영의 활동에 관한 내용을 집중적으로 조사했다. 이때 담당 수사관이 차철권이었는데, 공교롭게도 두 사람은 육군 32사단 참모부에서 같이 근무한 인연이 있었다. 1972년 이전부터 서로 왕래가 있었는지, 아니면 연행된 이후부터 연락했는지는 알 수 없지만, 이때부터 최길하는 차철권의 정보원이 되었다. 그는 몇 달에 한 번씩은 차철권을 만나 이좌영이나 이사영 등의 정보를 제공하였다.[14] 당시 정황과 관련하여 이사영은 다음과 같이 증언한다.

지금까지 내가 알고 있는 것은 최길하 그놈하고 수사관 차철권이라는 놈하고 이것이 합작품으로 우리 사건을 만들었다 난 그렇게 알고 있거든요. 왜 그런가 하면 차철권이라는 놈이 최종길 교수 고문해서 죽였잖아요. 그래갖고 모가지 나게 생겼으니 곤경에 빠졌잖아. 근데 이놈이 최길하라는 놈하고 군대에서 같이 근무를 했어요. 그래갖고 인자[인제] 사회 나와서도 교제가 됐어. 이렇게 알고 지냈어요. 그러다가 어떡하다가 그런 말이 나오니까 '아 이거 뭐가 하나 만들으면[만들면] 괜찮겠[겠]다' 싶어갖고, 둘이 입을 맞춰가지고 차철권이 지시 하에 최길하라는 놈이 일본까지 보내서 '가서 동정 좀 살피고 와라' 그렇게까지 다 했어요. 나는 모르지만은 지금 그렇게

다 나와요. 수사기록에. 진실화해위원회에서 조사한 것들 보면 그렇게 다 나오더라고요. 나는 지금 이제 내가 징역 산 것도 억울하고 그렇지만은 형님이 거금을 들여서 공장 세운 걸 지금 다 날려버렸잖아요. 최길하 그놈이 지금 다 가지고 다 독차지하고 사는 거예요.[15]

차철권은 최길하와 같은 협조자를 활용하여 내사를 진행해오다가, 최종길 사건으로 자신의 입지가 불리해지자 이 사건을 활용해야겠다고 판단한 듯하다. 울릉도 사건도 내사 단계에서부터 차철권이 관여했는지는 알 수 없다. 차철권과 함께 수사에 참여했던 수사관 김○○은 "울릉도 사건의 수사과정에 대해서는 울릉도인지 경북 분실에서인지 기초조사 후 서울로 이송해 와서 본격적인 조사를 시작한 것으로 알고 있다. 같은 과 직원이라 하더라도 각자 담당 업무에 대해서는 최대한 보안 유지하는 것이 관행이었기 때문에 자세한 사항은 알지 못한다"고 진술하였다.[16] 하지만 당시 수사기록을 보면 김○○ 또한 울릉도 사건 관련자들에 대한 조사에 참여한 사실이 확인되므로, 신뢰할 수 있는 진술인지 의심스럽다.

이좌영 중심의 간첩단 사건을 터트려야겠다고 판단한 중정은 1974년 2~3월 사이에 관련자들을 신속하게 체포하였다. 바로 얼마 전에 최종길을 죽음에 이르게 하여 징계까지 받았음에도 불구하고, 차철권을 비롯한 중정 수사관들은 울릉도 사건에서도 고문에 주저함이 없었다. 이사영의 경우에는 대략 5일 동안 구타, 주리틀기, 물고문 등 갖은 방법의 고문을 받았다고 한다. 당시에는 누가, 몇 명이 자신을 고문했는지 기억도 못 했지만 나중에야 그중 한 명이 차철권이었다는 것을 알

았다고 했다.[17]

그런데 여기서 한 가지 의문이 발생한다. 1만 매가 넘는 중정과 검찰의 수사기록을 모두 살펴보아도, 차철권의 이름은 한 번도 등장하지 않는다. 차철권이 수사에 참여하지 않았던 것일까? 그럴 가능성은 거의 없다. 사건 당시에는 인지하지 못했지만 고문 피해자들은 재판 과정 등을 통해 자신을 조사한 사람이 차철권임을 알게 되었다. 또한 차철권 스스로도 진화위 조사와 언론 인터뷰를 통해 울릉도 사건 수사를 자신이 주도했고, 그 공로로 특진까지 했음을 밝히고 있다.

그렇다면 차철권은 수사를 주도했음에도 불구하고 어떤 이유로 수사기록상에 이름이 등장하지 않는 것일까? 당시 '울릉도 간첩단' 사건을 담당한 중정 5국의 조직 체계를 살펴보자. 이 사건을 담당한 중앙정보부의 수사관은 수사기록을 통해 확인된 인원만 해도 38명에 이른다. 소속 과는 기재된 경우가 거의 없었지만, 1·6·7·8과 소속 수사관이 참여했음이 확인된다. 실제로는 더 많은 과가 참여했을 것이다. 대공수사를 담당한 중정 5국의 인력 상당 부분이 동원된 사건이었던 것으로 보인다. 당시 중정 5국의 조직은 국-단-과-계로 이어지는 체계였다. 부장 신직수와 차장 김재규 아래 5국 국장은 검사 출신의 안경상이었다. 5국 아래에는 공작단과 수사단의 2개 단이 있었고, 그 아래 10개 이상의 과가 있었다. 이를테면 수사1과, 수사2과, … 공작9과, 공작10과와 같은 식이었다. 공작단은 내사와 정보 수집을, 수사단은 체포와 수사를 담당했을 것이다. 당시 공작단장이 누구였는지는 알 수 없지만 수사단장은 장성록인 것으로 파악된다.

여기서 두 가지 가능성이 제기된다. 하나는 차철권이 공작에만 관여하고 수사에는 참여하지 않았을 가능성이다. 이와 관련해 차철권은 자신이 "울릉도와 서울·대구를 무대로 암약하는 간첩 10여 명을 일망타진하는 주무공작관 직을 수행하였다"고 진술하였다.[18] 또 최종길 사건 당시 자신은 공작과에 근무했는데, 자수를 하거나 활용 가치가 있는 사람은 정보원으로 활용하고 그렇지 않으면 수사과로 넘겨 검찰에 송치한다고 말했다.[19] 자신은 수사관이 아닌 공작관이었다는 말이다. 이는 피해자들의 진술과 배치되는 부분이 있다. 이사영은 자신을 취조한 수사관 중 하나가 차철권이었다고 증언한다.[20] 다만 자신이 직접 이름을 보거나 한 것은 아니고 나중에 안 사실이었다고 말하기 때문에 부정확한 기억일 가능성도 있다.

다른 한 가지 가능성은 차철권이 본명이 아닌 다른 이름으로 수사에 참여했을 가능성이다. 수사에 참여한 공무원이 조서를 작성하면서 본명이 아닌 가명을 사용하는 것은 상식적이지 않다. 또한 가명을 써야 할 마땅한 동기도 찾기 어렵다. 따라서 가능성은 높지 않지만 여러 가능성을 열어둔다는 차원에서 살펴보자. 수사에 참여한 38명 이상의 수사관 중 차씨 성을 가진 인물은 단 한 명이다. 그는 이들 수사관 중 계장 또는 그에 준하는 가장 선임급이었던 것으로 보인다. 김○○, 진○○, 차○○, 이 세 명이 구속통지와 기소의견서 등 중요한 서류의 기안을 도맡았기 때문이다. 만약 차철권이 사건의 공작만 주도한 것이 아니라 수사와 피의자 조사에도 참여했다면, 수사기록상의 차○○일 가능성이 있다.

아무튼 '울릉도 거점 간첩단'을 일망타진한 공으로 차철권은 서기관으로 특진하였다.[21] 1973년 11월에 최종길 사건으로 견책을 받은 그는 '6개월간 승진·승급의 제한'을 받아야 함에도 불구하고 특진한 것이다.[22] 그리고 당시 5국장 안경상과 수사단장 장성록은 보국훈장 천수장을, 최찬옥·오치옥·한병렬은 보국훈장 광복장을 수여받았다.[23] 최찬옥 등 3명은 수사기록에 등장하지 않는 것으로 보아 과장급 간부였을 것이다. 2015년 11월 대법원 재심에서 '울릉도 간첩단 사건' 관련자들에 대한 일부 무죄 판결이 내려졌고, 당시 수사 라인에 대한 서훈 취소를 요구하는 여론도 높아졌다. 이에 따라 2019년 5월 정부는 안경상 등 3명에 대한 서훈을 취소했지만, 나머지 2명에 대한 서훈은 유지했다.[24]

6. '증거의 왕', 고문과 허위자백

중앙정보부는 울릉도 간첩단 조작 사건을 비롯한 수많은 공안사건을 수사하는 과정에서 다양한 불법행위를 자행했다. 증거가 불충분한 상황에서 유죄를 입증하기 위한 가장 손쉬운 방법은 피의자의 자백이었다. 실재하는 간첩이건 조작된 간첩이건 증거 확보가 어렵기는 마찬가지였기 때문에 당시 공안기구에서는 증거 없이 자백만으로 조서를 꾸미는 것이 허용되었다. 검찰과 법원 또한 관행적으로 자백을 '증거의 왕'으로 대접했기 때문에 가능한 일이었다.[25]

불법행위는 최초 연행 단계에서부터 일어난다. 영장의 제시, 미란다 원칙의 고지와 같은 것은 애초에 없었다. 가족들은 물론 본인도 자신이 끌려가는 곳이 어디인지 몰랐다. '가보면 압니다' 한마디면 끝이었다. 전국술의 경우에는 한밤중에 수사관 3명이 신발을 신은 채 집안에 뛰어 들어와 "당신, 전국술이지? 잠깐 알아볼 일이 있으니 같이 가자" 하고는 거의 끌려 나가다시피 연행되었다. 그는 자신을 체포해 가는 사람이 어디서 나온 누구인지, 무슨 용건으로 어디로 가는 것인지도 모르고 눈이 가려진 채 중앙정보부 남산분실로 끌려갔다.[26]

수사기록을 보면 관련자들이 연행된 방식은 거의 대부분 임의동행이었다. 먼저 연행된 이를 취조하는 과정에서 이름이 언급된 이들이 줄줄이 연행되는 식이었다. 1974년 당시 형사소송법에 따르면 임의동행에 따른 구금의 시간을 3시간으로 제한하고 있었지만, 그것이 지켜질 리 만무했다. 중정은 당시 경찰이 준용하고 있던 48시간 이내 구속영장 신청이라는 잘못된 관행조차 지키지 않았다. 김용득은 1974년 2월 3일, 전영봉은 4일에 각각 연행되었지만, 이들은 15일도 더 지난 19일에 구속되었다. 이들 외에도 대부분의 관련자들은 연행으로부터 구속에 이르기까지 14일 이상 불법으로 구금되었다.[27]

불법연행된 사건 피해자들은 남산분실에 도착한 이후부터 법의 보호를 전혀 받을 수 없는 법외지역에 끌려간 것이나 마찬가지였다. 온갖 고문과 폭력, 가혹행위에 시달리면서 변호인 접견이나 가족의 면회는커녕 자신의 생사조차 외부에 알릴 수 없었다. 연행된 이들 거의 모두가 고문과 가혹행위를 당했다. 당시 고문당한 상황을 이성희는 다음과 같이 증언한다.

어느 정도 맞았는가 하면은, 최종길이라는 사람 알죠? 서울대학교. 그 사람 죽은 다음이거든요. 그러니까 때리는데 기술적으로 때려. 위험한 데는 절대로 안 때려. 그리고 여기. 주로 근육에 많이 있는 데, 살이 많이 있는 데 때리는데, 맞으면 어떻게 되는가 하면은, 장작을 들고 오더라니까. 장작을 여기다가 쭉 깔어. … 근데 그것을 무릎을 꿇으라고. 무릎을 장작 위에 꿇었어. 근데 세 놈이 그렇게 그래 때려요. 도저히 아니 못살 것더라는 거여. 그래서 재판이고 뭐고 필요 없으니까 그냥 죽여달라고 애원을 했어. 도저히 이렇게 맞고 못살겠다고. … 급소는 안 때려. 급소는 안 때려. 교도소 넘어갔는데 봄철에 얇은 일제 내복을 입었어. 근데 그게 전부 붙어가지고 안 떨어져, 못 벗어. 피부가 아니고 두드려 맞아가지고 붙어서 전부 붙어버려서 벗지를 못해.[28]

물고문도 가해졌다. 최규식을 고문한 수사관들은 최종길을 언급하며 그도 그렇게 죽을 수 있다고 협박했다. 그러고는 그의 머리를 욕조에 처박았다가 혼절하기 직전에 끄집어 올리기를 수도 없이 반복했다. 그러다 혼절하면 잠시 쉬었다가 정신이 들면 각목으로 구타하고, 다시 혼절하면 고무호스로 물을 뿌리다가 그 호스로 후려치고…. 사정없이 때리다가 때리기도 지치면 다시 그의 머리를 젖히고 수건을 덮은 후 코에 물을 붓는 고문이 반복되었다.[29]

이사영은 자신에게 주리틀기와 물고문뿐만 아니라 잠을 못 자게 하는 고문이 가해졌다고 증언한다. 그리고 의사가 주기적으로 자신을 진료하였다고 하며 고문이 조직적으로 이루어졌음을 시사한다.

주로 몽둥이질하는 거, 주리 트는 거. 야전침대 나무를 빼면 길잖아. 그놈 가지고 내 손 뒤로 해서 손을 밧줄로 얽어서 잡아당기면 어깨가 다 찢어지는 것 같아. 그런 고문하고 물고문하고 나는 제일 힘들었어. 물고문도 손을 묶어가지고 그 안에 수조가 있어. 조사실 안에. 거기다 묶어서 머리를 뒤로 제끼고[젖히고] 수건을 얼굴에 덮어서 주전자를 붓는 거야. 물을 안 먹을 수가 없지. 손을 움직일 수가 있어. 두, 세 명이서 꼭 붙들고 하는데 그리고 나중에 물을 많이 먹으면 죽어. 그게 임시 기절인 거지. 깨어났는데 내 기억으로는 그때 의사가 한 번 와서 확인도 하더라고. 하얀 옷 입은 사람이 와서 눈 뒤집어 까고 그렇게 했던 기억이 있어.[30]

거의 모든 관련자들은 항소이유서와 2심 공판, 그리고 진실화해위원회 측과의 면담에서 고문 사실을 호소했다. 진실화해위원회의 조사보고서에는 이을영과 이사영(고문으로 인한 허위자백), 김영권과 최규식·양동수(물고문, 무릎 뒤에 각목 끼우기), 유창렬(구타), 이태영, 손두익(이가 5개 빠져 틀니를 해 넣음) 등의 고문 사례가 기록되어 있다.[31]

수사기관이 고문을 하는 이유는 허위자백을 받아내기 위해서다. 간첩 사건에서 변변한 증거가 나오는 경우는 매우 드물다. 증거도 없는데 피의자들이 자신이 간첩이라고 자백하는 이유는 장기간의 불법구금과 고문 때문이다. 피고인의 자백이 고문·폭행·협박·구속의 부당한 장기화 또는 기망 기타의 방법에 의하여 자의로 진술된 것이 아니라고 인정될 때 또는 피고인의 자백이 그에게 불리한 유일한 증거인 때에는 이를 유죄의 증거로 삼거나 이를 이유로 처벌할 수 없다는 규정은 제3공화국 헌법 10조 6항으로 있다가 유신헌법에서 삭제되었다.[32] 유신시대에는 자백이 유일한 증거인 경우에도 이를 인정하는 몰상식이 법으로 보장되었던 것이다.

또한 평범한 어부나 소시민이었던 대부분의 피해자들은 자신을 방어할 만한 법률지식을 갖고 있지 않았다. 사법경찰관 앞에서의 자백은 법정에서 부인하면 증거 능력이 없지만 검찰에서의 자백은 증거능력을 갖는다는 것, 또는 공판정에서의 자백은 훨씬 더 큰 의미를 갖는다는 것을 아는 사람은 거의 없었다. 검찰에서 용기를 내어 중정에서 행한 자백을 부인할 경우, 검사는 안기부로 돌려보낸다고 윽박지르거나 중정 수사관을 불러오거나, 심지어는 중정 수사관으로 하여금 구치소로 피고인을 면회 가도록 만들었다.[33] 자신을 고문한 수사관을 다시금 대면하도록 하는 검찰과 판사 앞에서 피해자들은 고문 당시 겪은 이상의 공포와 절망을 느끼지 않을 수 없었다. '발버둥 쳐봐야 소용없다'는 감정은, 단지 감정이 아니라 사실에 가까웠다.

중앙정보부는 사건을 조작해냄과 동시에 피의사실의 공표와 이에 대한 확대·과장을 통해 피해자들을 간첩으로 낙인찍도록 여론을 조장하였다. 지금이야 살인, 성범죄, 아동학대와 같은 공분을 사는 강력범죄 피의자의 신상 공개 여부를 두고 논란이 벌어지지만, 당시에는 그것이 아무런 문제가 되지 않았다. 중정은 1974년 3월 15일 사건 발표 당시부터 피의자 47명 모두의 신상과 피의사실을 언론에 공개했다.

언론의 역할도 무시할 수 없다. 언론은 중정의 발표를 그대로 받아썼을 뿐만 아니라 피의사실을 선정적으로 과장하여 간첩과 북한에 대한 공포를 조장하기에 바빴다. "어부 동조자 포섭"(서화수), "반정부 데모 선동"(전국술)과 "공작선 융자 알선"(전서봉) 등의 표현으로 피의사실과 관련 없는 내용을 마치 간첩활동의 일부인 것처럼 포장하는가 하면, 단순 불고지죄 혐의로 기소된 전성술 등 7명에 대해서도 "금품

울릉도 간첩단 조작 사건

을 수수 회합하고 그들에게 편의제공한 자"라고 하여 없는 혐의를 만들어 씌우기도 했다.[34] 울릉도 간첩단 조작 사건의 피해자들은 검찰 수사와 재판을 받기도 전에 이미 간첩으로 낙인찍혀 사회로 돌아갈 수 없는 처지가 되었던 것이다. 그들의 자녀와 친지 또한 '빨갱이 집안'으로 낙인찍혔다. 이제 그들 앞에는 온갖 차별과 적대에 노출되는 고난의 삶이 기다리고 있을 뿐이었다.

이 모든 불법과 부조리들은 사건의 피해자들이 연행되고 기소되기까지 불과 두 달여 사이에 일어난 일이다. 기소와 재판 이전에 이들은 이미 '간첩'이 되었다. 육신과 정신도 돌이킬 수 없는 상처를 입었다. 무엇보다 우리를 참담하게 하는 사실은 이들의 삶을 그토록 망가뜨린 '간첩'이라는 굴레가 권력의 필요에 의해 조작된, 거짓이었다는 점이다.

제4장

울릉도 사람들

유상수

1974년 3월 15일 중앙정보부장 신직수는 기자회견을 갖고 울릉도 거점 간첩단 사건에 대해 발표했다. 그는 북한의 대남통일전략이 '대화'에서 '폭력'으로 변화했다면서 "비록 북한이나 공산주의에 동조하지 않은 세력이라도 현 체제에 반대하는 인사, 정당, 사회단체라면 이념이나 노선에 관계없이 공동전선을 형성, 이들의 대정부 투쟁이나 불평불만으로 사회가 혼란해지는 틈을 이용, 목적을 달성하려 한다"고 했다. 이 발표에 따르면 울릉도 거점 간첩단은 형제, 자매, 친척 등의 혈연과 지연을 통해 철저한 비밀보장의 방향으로 조직되었으며, 전진기지를 육지에서 237킬로미터 떨어진 울릉도에 두었다. 신직수 부장은 이들이 성어기에 많은 어선 사람들이 모여들어 간첩을 가려내기 힘든 점을 이용했으며, 북한의 대남통일혁명전선 형성을 위한 표본적인 것으로 울릉도에서 전북, 일본에 걸친 광대한 조직을 이루었다면서 그 규모는 1968년의 통혁당 조직을 능가한다고 강조했다.[1]

신직수가 언급한 것처럼 울릉도 간첩단 조작 사건이 발표된 1970년
대 초중반에는 반체제인사에 대한 직접적인 탄압뿐만 아니라 일반 국
민들에게 경각심을 불러일으키기 위한 다수의 간첩(단)사건이 발생했
다. 그중에서도 울릉도 간첩단 조작 사건은 그 방대한 규모로 보아 그
때까지 나타나던 다양한 유형의 '간첩'이 하나의 사건 아래 포함된 것
이었다. 월북한 가족의 방문, 어부의 납북, 재일교포간첩 이좌영과의
관련성, 형제자매를 비롯한 일가족의 동조 및 방조 등이 하나의 사건
으로 만들어졌다. 그러나 사건기록에서 보이는 엄청난 규모의 간첩단
사건과는 달리 실제 이 사건의 용의자들은 울릉도와 전북 지역 간에
일면식도 없는 상태였다.

따라서 이 사건을 정리하는 데 있어서도 울릉도와 전북을 분리해
서 피해자들이 어떤 환경에서 어떤 관계망을 통해 '간첩'으로 몰렸는
지 살펴볼 필요가 있을 것이다. 이 부분에서는 울릉도 간첩단 조작 사
건의 두 축인 울릉도와 전북 중 울릉도를 중심으로 '간첩'이 되었던
사람들의 이야기를 다루고자 한다. 이를 위해서 울릉도라는 섬이 갖
는 특징은 무엇이었는지, 그리고 그들은 누구였는지를 스스로의 목소
리와 수사기록, 재판기록 등을 통해 살펴보고자 한다.

1. 섬으로서의 울릉도

1) 울릉도의 환경

이 사건의 배경이 되는 지역은 사건명에서 보이는 것처럼 울릉도이다.

울릉도는 섬으로 특수한 환경인 점을 생각해볼 필요가 있다. 울릉도는 화산섬으로 산지가 많고 평지가 적은 것이 특징이다. 1883년 울릉도 개척령이 실시된 이후 옥수수와 감자 등을 경작하였으나 식량으로 쓰기에는 부족해 정부에서 구휼미를 지급하는 경우가 잦았고, '명이나물(산마늘)'을 채취하여 생계를 유지하는 경우가 많았다. 이는 일제강점기를 거쳐 해방이 된 후에도 크게 변하지 않았다.[2] 일부 논농사와 밭농사가 이루어지기도 했으나 그 비중은 점차 줄어들었다. 울릉도 출신으로 울릉도 간첩단 조작 사건의 피해자였던 전국술도 울릉도의 모습을 이야기하면서 울릉도의 농업에 대해서 다음과 같이 이야기했다.

> 논은 인자[인제] 흔적도 없고, 밭에는 인자[인제] 옛날에는 감자도 심고 옥수수도 심었는데 요즘은 전부 다 산채山菜를 심어요. 제일 유명한 것은 산마늘, 명이.[3]

울릉도는 곡물 재배가 어렵고, 명이나물로 대표되는 나물류 농사는 잘되었다. 그렇다고 나물류 농사에만 의존할 수도 없는 상황에서 울릉도 사람들은 섬 주변 바다에서 확보할 수 있는 해산물을 통해 식량을 보충하는 한편, 뱃길을 통해 육지와 교류하며 살아가야 했다. 어업의 경우 섬이라는 울릉도의 특성상 풍족한 수산물이 있었다. 전복이나 소라, 문어, 미역, 김뿐만 아니라 일제강점기를 거치면서 어선을 이용해 고등어, 꽁치나 방어, 명태, 오징어를 많이 잡았다. 하지만 이 시기 도입된 어선은 목선이나 소형동력선이 대부분이었고, 1970년대 이후에는 디젤선이나 FRP선(강화플라스틱선)으로 대체되기 시작했다.

이런 울릉도 어업의 특성상 강원도 영해상까지 명태잡이 등을 나가는 경우가 많았고, 의도하지 않게 공해상으로 나갔다가 납북이 되는 경우도 있었다.

2) 울릉도의 치안

섬이라는 특징은 치안에서도 나타났다. 해방 이후 울릉도에는 울릉경찰서의 관할로 치안이 이루어졌다. 육지와는 달리 군인이나 첩보기관은 존재하지 않았다. 1956년 들어 울릉경찰서 산하에 직할파출소(현 도동파출소)가 신설된 이후 1973년 10월 저동파출소가 신설되기 전까지 특별히 치안력이 증가하지는 않았다. 그런데 저동파출소의 신설 이후 1975년 9월 서면지서(현 서면파출소), 1976년 10월 북면지서(현 북면파출소)가 신설되는 등 1970년대 중반 치안력이 급격하게 증가했다.[4] 그렇다면 이렇게 1970년대 중반에 급격하게 치안력이 증가한 이유는 무엇일까? 우선 울릉도의 인구와 관련지어 생각할 수 있다. 다음 〈표 4-1〉은 해방 이후 울릉도 인구 변화를 보여준다.

〈표 4-1〉을 보면 울릉도 인구가 해방 이후 지속적으로 늘어나 1970년대 급격하게 증가했다가 다시 감소 추세를 보였고 2000년대 이후에는 1만 명 이하가 된 것을 확인할 수 있다. 따라서 1970년대 들어 인구가 급격히 증가했고, 이에 따라 치안력을 확충했다고 생각할 수 있다.

그런데 치안력이 증가한 이유를 꼭 인구만으로 한정 짓기는 어려울 것 같다. 울릉도 간첩단 사건의 수사기록에서는 울릉도에 대해서 2만여 명 인구의 경찰력이 70여 명이라고 하였다. 대략 285명당 1명의 경찰관이 배치되었다고 볼 수 있다. 실제 1975년을 기준으로 계산해

연도	가구수	인구
1946	2,250	14,220
1950	2,640	15,274
1955	2,620	14,707
1960	3,021	17,932
1965	3,582	21,696
1970	4,243	23,248
1975	6,068	29,199
1980	4,510	19,057
2001	3,776	9,950

도 대략 400여 명당 1명의 경찰관이 배치되는 것으로 전국적으로 경찰이 배치되는 경우와 크게 다르지 않았다. 지서를 설치하고 경찰을 추가 배치할 필요성이 갑자기 늘어났다고 보기는 어렵다. 더구나 경찰력이 확충되면서 1명당 시민의 숫자는 크게 내려갔고, 인구수에 비해 많은 경찰이 배치되었다.

이를 설명하기 위해서는 인구의 증가뿐 아니라 울릉도 간첩단 조작 사건처럼 공안사건이 만들어지는 과정에서 치안력이 확충되었다고 유추하는 것이 자연스러울 것 같다. 전국술의 경우에도 "후에 들은 얘긴데 우리 사건 이후에 공안이 강화됐다 그런 얘길 들었어요"[5]라고 증언하기도 하였다. 즉 울릉도의 치안강화는 울릉도 간첩단 조작 사건의 발표를 전후하여 일어난 만큼 인구의 증가와 더불어 공안사건의 발생이 중요한 이유가 되었다고 할 수 있다.

2. 울릉도 간첩단 조작 사건 속 울릉도 사람들

울릉도 간첩단 조작 사건의 시작은 행방불명되었던 가족의 방문이었다. 박정희 유신독재체제 이후 빈발했던 '간첩 조작' 사건의 유형 중 하나로 숫자 자체가 많지는 않지만 '월북자 가족'에 해당되는 경우는 대부분 대규모 사건으로 발표되었다.[6] 죽은 줄 알았던 가족이 갑자기 나타나면 주변에 살고 있던 가까운 친척까지 모이는 경우가 많았다. 이를 간첩으로 신고할 수 있는 곳이 과연 얼마나 되었을까? 울릉도 간첩단 조작 사건도 마찬가지였다. 수사기록이나 공판기록에 따르면 울릉도 간첩단 조작 사건의 용의자들은 전덕술에 포섭되어 월북하여 북조선노동당에 입당하고 이적행위를 하거나 이에 대해 알면서도 당국에 신고하지 않고 방조했다고 한다. 그런데 울릉도 간첩단 조작 사건의 경우에는 월북자 가족만 있었던 것이 아니라 전영관, 김용득, 전영봉 등이 전덕술과 같이 북에 가는 데 협조한 가족들 중에 어부도 포함되어 있었고, 이들은 이미 1960년대 어업활동 중 납북을 당하고 조사까지 받은 경험[7]이 있었다. 통계에 따르면 파악된 간첩들 중 납북 귀환어부의 비율은 약 2.2%를 차지했고, 이 중 북한에서 직접 파견한 '직파' 간첩을 제외하면 그 비중은 7.6%로 증가했다. 어부라는 단일 직업군이라는 점을 고려하면 높은 비중이라 할 수 있다. 특히 납북 귀환어부와 관련된 간첩 사건은 주로 1960~1980년대에 집중되어 있었다.[8] 이 사건에 연루된 사람에는 이런 납북어부도 포함되어 있었다. 앞에서 살펴본 것처럼 울릉도는 섬이라는 특수한 환경 때문에 어업의 비중이 높았고, 이를 '간첩'과 연결하기 용이했던 것이다.

울릉도 간첩단 조작 사건

1) 울릉도 간첩단 조작 사건의 확대

〈표 4-2〉, 〈표 4-3〉은 울릉도 간첩단 조작 사건 속 울릉도 사람들을 정리한 것이다. 울릉도 사람들의 경우 최초 수사를 해서 검찰에 송치한 서류와 전북 사건과 결합된 이후의 서류에서 언급되는 사람과 순서에 약간의 차이가 있다. 초기 중앙정보부에서의 수사를 바탕으로 피의자들을 검찰로 넘긴 검찰송치서에는 전영관에 대한 기록은 없고 김용득 외 26명에 대한 수사를 한 의견서가 첨부되어 있다. 그렇다고 해서 전영관이 이 사건의 주범이 아니었던 것은 아니기 때문에 사건과 관련이 없어서 빠진 것은 아니고, 이 사건에서 주범에 해당하기 때문에 별도로 서류가 만들어진 것이 아닌가라고 생각해볼 수 있다.

〈표 4-2〉는 검찰송치서에서 피의자로 지목된 총 27명의 명단이다. 이에 비해 공판기록에서는 최종적으로 기소된 전영관 등 20명에 대한 기록이 있다. 〈표 4-3〉은 1심 공판기록을 기준으로 피의자를 정리한 것이다.

두 표를 비교해볼 때 가장 눈에 띄는 것은 검찰송치서 단계에서 포함되어 있지 않던 김용희가 공판기록에서는 네 번째로 이름을 올리고 있는 것이다. 김용희는 김용득의 여동생이자, 전영관의 부인이었다. 처음 이 사건이 전덕술의 방문을 중심으로 진행되었다고 수사당국에서 판단했을 때 김용희의 역할은 별로 없었다. 하지만 울릉도 사건에 전북 지역이 결합되고 김용득과 이좌영을 접점으로 사건이 확대되면서 김용득의 역할이 부각되었고, 김용득의 누이동생 김용희의 행적이 부각되기 시작했다. 특히 김용희는 1936년에 태어나 1943년 주문진 국민학교에 입학한 후 2학년 때이던 1944년부터 큰오빠 김용득과 함

〈표 4-2〉 검찰송치서에서의 울릉도 사건 피의자

성명	생년	직업	성명	생년	직업
김용득	1921	무직	한학수	1917	제재업
전영봉	1931	무직	한명국	1937	목사
손두익	1930	선장, 선주	한명도	1940	목사
박인조	1935	농업	안월득	1937	주부
서화수	1933	선원	정덕훈	1928	상업
전원술	1935	교사	조상종	1918	무직
전국술	1941	은행원	전주봉	1907	무직
전서봉	1925	양조업	김용화	1933	주부
김장곤	1945	대학강사	정계월	1922	주부
전석봉	1915	의사	권수봉	1907	주부
전성술	1947	어업	전경순	1944	주부
전연순	1929	주부	홍영태	1924	사망
전경술	1938	약사	김용호	1930	회사원
정의출	1927	어업			

께 생활했다. 경기도 이천, 충남 장항 등으로 같이 이사하기도 했다. 1951년 이후 한국식산은행(해방 이후 한국산업은행으로 사명을 변경)에 취업하면서는 직장에 맞춰 이사하면서 살아갔다. 1959년 전영관과 결혼하면서 은행에서 퇴직하고 가정주부로 2남 2녀를 출산했다. 처음 사건이 발생했을 때와는 달리 울릉도 사건이 확대되면서 전영관과 김용득을 연결하는 고리인 김용희가 수사당국의 주목을 받은 것으로 보인다. 그에 따라 범죄의 중요도도 급격히 상승해서 피의자 순서가 4순위까지 올라갔다.

성명	생년	직업	주소	본적
전영관	1930	어업	울릉군 남면 도동	서울 관악구 노량진동
김용득	1921	무직	서울 관악구 봉천동	서울 관악구 노량진동
전영봉	1931	무직	관악구 봉천동	대구시 대명동
김용희	1936	무직	울릉군 남면 도동	서울 관악구 노량진동
손두익	1930	선주 겸 선장	울릉군 남면 저동	울릉군 북면 라리동
박인조	1935	농업	울릉군 북면 현포동	대구시 봉산동
서화수	1933	선원	울릉군 남면 도동	울릉군 남면 도동
전원술	1935	교사	대구시 대봉동	울릉군 남면 저동
전국술	1941	은행원	부산 대신동	울릉군 남면 도동
전서봉	1925	양조업	울릉군 남면 사동	울릉군 남면 도동
김장곤	1945	대학강사	서울 도봉구 미아동	서울 관악구 노량진동
전석봉	1915	의사	경북 달성군 성서면	경북 달성군 성서면
전성술	1947	어업	울릉군 남면 도동	울릉군 남면 도동
전연순	1929	주부	울릉군 남면 도동	울릉군 남면 도동
전경술	1938	약사	대구 남구 남산동	경북 달성군 성서면
정의출	1927	어업	울릉군 남면 도동	울릉군 남면 서동
한학수	1917	제재업	울릉군 남면 저동	울릉군 남면 저동
한명국	1937	목사	부산 동래구 제동	울릉군 남면 저동
한명도	1940	목사	서울 영등포구 시흥동	울릉군 남면 저동
안월득	1937	주부	서울 관악구 봉천동	서울 관악구 노량진동

2) 전덕술의 방문

이 사건의 수사 및 공판기록에서 혐의는 전덕술의 방문으로부터 시작된다. 이에 적극적으로 동조했는가, 아니면 알면서도 방조했는가에 따라 기소의견이 달라지지만 여기서부터 범죄사실이 시작된다. 전덕술은 전주봉의 장남으로 울릉도에서 태어났다. 1948년 대학에 진학하며 서울로 가게 되었다.[9] 1950년 한국전쟁이 발발하면서 행방불명되었다. 행방불명 후 가족들에게는 전쟁이 나서 서울이 불바다가 되었고, 그 과정에서 전덕술이 폭격에 맞아 죽었을 것이라는 이야기가 전해졌다. 그런데 1962년 12월 죽은 줄 알았던 전덕술이 울릉도에 나타났고, 가족과 친척들은 살아 돌아온 그를 반갑게 맞이했다. 전덕술은 자신이 북에서 농업기사로 일하고 있다고 소개하고,[10] 일본에 다녀오는 길에 들렀다고 말했다. 하지만 13년 만에, 더구나 죽은 줄 알았던 장손 전덕술의 행적에 대해서 가족들은 자세히 물어볼 수 없었다. 전덕술은 열흘 정도 울릉도에 머물렀다가 "이제 돌아가면 다시는 오지 않겠습니다"라는 말을 남긴 채 북으로 돌아갔다.[11] 월북인지 납북인지 알 수 없어도 북으로 넘어갔던 가족의 방문은 기쁜 일이었지만, 그가 돌아가고 난 후 남은 가족들은 불안에 휩싸였다.

3) 북한에 다녀온 사람들

울릉도 간첩단 조작 사건에서 직접 월북하여 북한노동당에 가입하고 적극적인 간첩활동을 했다고 지목된 사람은 전영관, 김용득, 전영봉 3인이었다. 전영관은 1930년 율릉군 남면 도동에서 전군석과 남상리 사이에서 5남 3녀 중 5남으로 태어났다. 전군석은 전군출의 동생으로 전덕술은 전군출의 장손이므로 전영관은 전덕술에게는 5촌 당숙이 된다. 전영관은 울릉국민학교를 나와 한성중학교를 졸업한 후 1952년 포항세무서 울릉지서 서기로 취직했다. 1954년 대구대학 법학부에 입학하여 1958년 졸업한 후 대구 동부 세무서 관내 주류업 조합 서기로 취직했다. 그 후 1960년 4월 5대 민의원 전석봉의 개인 비서로 채용되었다가 5·16으로 정치인들의 정치활동이 금지되면서 비서에서 해직되고 울릉도 도동으로 돌아가 전석봉 소유의 성인양조장 등에서 일했다. 1964년 서울 노량진동으로 이사했고 전화상, 동명사 및 우진부동산업, 우진기원 등의 이름으로 대금업을 경영하다가 실패한 후 1972년 울릉도로 다시 이주하여 어선 대영호를 운영했다.

1962년 12월 전영관은 전원술로부터 한국전쟁 때 서울에서 공부하다가 행방불명되었던 전덕술이 왔다는 소식을 듣고 부인 김용희와 함께 전덕술과 만나게 되었다. 북한에 같이 가자는 권유를 받고 동의한 후 며칠 후에 전덕술과 함께 입북했다. 전영관이 전덕술과 함께 입북했던 것은 촌수로는 조카였지만 나이가 비슷한 만큼 어린 시절을 같이 보냈기 때문일 것이다. 그만큼 친했었고, 전덕술이 왔던 시기는 전영관 개인으로서는 힘든 시기였던 것으로 보인다. 셋째 형인 전석봉이 울릉도에서 민의원으로 당선되면서 비서로 채용되었지만 군사쿠데타로 의회가 해산되고 정치활동이 금지되면서 더 이상 비서활동을 할 수 없었다. 이 시기는 전영관 개인에게 고민이 많았던 시기였을 것이고, 할 일을 찾아보던 중 전덕술의 방문으로 활로를 찾고 싶었던 것으로 생각해볼 수 있다. 수사기록에서 전덕술이 밀수를 권했다는 것으로 보아 북한이나 일본과 밀무역할 수 있는 루트가 있는지 궁금했던 것으로 보인다. 체포 당시 어선 대영호를 운영했지만 그 전에는 전석봉 소유의 양조장에서도 일하고 서울에서 대금업에 종사하는 등 다양한 경제활동을 하였다.

전영봉은 1931년 경북 울릉군 남면 도동에서 전군출의 차남으로 태어났다. 전덕술의 삼촌이지만 전영봉도 나이는 크게 차이가 나지 않았다. 열 살 때 강원도 울진군 울진면으로 이주했고 1945년 죽변국민학교를 졸업한 후 생계난으로 고생하다가 1947년 단신으로 울릉도에 돌아와 사촌 형 전석봉이 운영하던 울릉군 남면 소재 전의원에서 병원조수로 일했다. 1948년 국방경비대에 자원입대했고, 1953년에는 간부후보생으로 육군보병학교에 입교하여 소위가 되었다. 1963년 중위로 예편한 후 대구시 대명동에서 건어물 행상을 하다가 1963년 12월 입북했다가 돌아왔고, 1963년 12월 이후에는 무광인쇄소, 성림인쇄소 등에서 인쇄업에 종사했다. 1967년 인쇄소를 박인조에게 인계한 후 1968년 서울로 이주했다. 1970년 사촌 형 전영관이 경영하는 동명사에서 근무했다. 이후 우진사와 우진기원을 개업하자 이곳에서 근무하다가 1972년 사직했다. 1973년 현대건설로부터 소양강댐 장애물 철거공사를 하청받았고, 공사 완료 후에는 무직으로 있었다. 전영봉의 경우도 사촌 형 전영관처럼 전국을 돌며 다양한 경제활동을 했고, 이것이 추후 수사과정에서 '활발한 간첩활동'으로 보이는 빌미가 되었다.

김용득은 1921년 울릉군 북면 천부동에서 김광식과 박임생 사이 4남매 중 장남으로 태어났다. 1935년에 강원도 횡성의 안동국민학교를 졸업하고 가출하여 함북 청진에서 일본인이 경영하는 잡화상인 노다상점의 점원으로 일하면서 청진직업학교에 진학했으나 중퇴하고 강원도 평창군 진부면의 계림기업 급사로 취직했다. 1938년 계림기업 경기도 양평군 용두리 출장소 서기로 채용되었다가 1938년에는 함북 명천읍 출장소 현장 인부감독으로 자리를 옮겼다. 1944년에는 충남기계제작주식회사 자재계 주임이 되었다. 해방이 되면서 회사를 사퇴하고 1946년 대운사를 창설했다. 1947년에는 대지토건을 창설하여 대표가 되었다. 한국전쟁이 일어나면서 토건업을 그만두고 해병대 문관으로 채용되어 선박운행감독관이 되었다. 1953년 대구시의 대창토건 사원, 1955년 한국건설 상무이사, 1960년 서울 소재 삼진건설 상무이사를 거쳐 1971년 서울 중구 충무로의 동성건설 상무를 역임했다. 1964년 4월 월북했다는 혐의를 받았다. 그리고 재일사업가 이좌영과 접촉하게 되면서 울릉도와 전북 지역을 포괄하는 울릉도 간첩 조작 사건의 연결고리가 되었다.

이들이 입북한 시기는 조금씩 달랐지만 수사당국에서 밝힌 루트는 거의 같았다. 수사당국은 이들이 고성으로 가서 지프차를 타고 원산 시내로 이동한 후 열차편으로 평양으로 이동하여 평양시 초대소에 약 2박 3일간 머물며 자서전을 써서 제출하고, 중앙당 연락부장 이효순의 환영 및 격려를 받았다고 파악했다. 이런 루트에 따라 이들이 북한 노동당의 당원에 가입하고, 지하당 조직이나 기타 비상연락, 주변인 포섭 등에 대한 교육을 받고, 북한의 대표적인 장소들을 시찰하고 약 한 달 후 다시 남한으로 침투했다는 것이다.

수사당국에서는 실제로 북에 다녀왔던 이 3인을 중심으로 가족이나 친척이 포섭되고 이를 방조했다고 파악했다. 그러나 수사기록에서 북의 공작원과 나눴던 대화들을 보면 이들이 입북했던 시기가 다른데 북에 제공했다는 정보는 다음과 같이 거의 비슷했다. 다음은 수사기록에서 보이는 북에 제공한 정보들이다.

이승만의 집권 당시는 대통령이 국내실정을 너무도 모르고 있었으며 그를 보좌하는 사람들이 국민과 대통령 사이에 막을 치고 허위보고와 간사한 수법으로 아부하였기 때문에 민중이 봉기하고 학생들의 의거로 자유당 정권이 망한 것이다.

민주당 정권은 그 지도자들의 3분4열로 그 의견을 종합하지 못하고 감투와 치부에만 눈이 어두워 무능한 정치를 하여 5·16군사혁명으로 현정권이 수립되었다.

현 남반부정권은 별다른 변천도 효과도 인민들의 피부로 느낄 정도로 표면에 나타난 것은 없으나 얼마나 갈는지는 아직도 무엇이라고 말할 수 없다.

남반부에서는 착실한 사람은 잘 살고 있고 게으르고 놀기 좋아하는 사람은 잘 살지 못하고 있다. 남반부에는 양노원이 있으나 전체인민이 60세만 되면 수용할 수 있는 시설은 없다.

남반부에서는 미혼여성들이 공장직공으로 있고 부인은 거의 가사에 종사하고 있으며 탁아소는 없다.

남반부에서는 실업자가 많고 국민학교만 의무교육 제도이다.

공장오락시설은 남반부에서는 큰 공장은 잘 되어 가고 있으나 중소기업 공장은 거의 미비한 상태이다.

남반부에서는 아직도 인신매매행위가 성행하고 있다.

남반부에서는 교통시설이 완비되지 못하여 출퇴근 시간에는 교통이 폭주하고 있다.

서울시내에는 아직도 판자집이 많이 있다.

남반부의 임야는 모두 벌거벗어 사태가 많이 나고 있다.

남반부에서는 아직도 무의촌이 많이 있다.

5·16군사혁명은 육해공군이 합동으로 한 것이다. 해병대가 앞장섰다. 남반부에서는 국군의날 기념행사에 육, 해, 공군 및 해병대와 여군까지 시가행진을 하고 있으며 장비는 전차, 대포, 미사일, 야포, 로켙트포 등 무기를 총동원하고 있다.

가장 먼저 눈에 띄는 것은 '5·16군사혁명'이다. 간첩이라면 북의 공작원과 나누는 대화에서 혁명이라는 표현을 쓸 수 있을 것인가라는 의문이 든다. 후반부로 갈수록 이것이 북에까지 가서 제공할 수준의 정보인지 의심스러운 부분도 많이 보인다. 수사기록대로 북한노동당에까지 가입한 이들이라면 고급정보를 가지고 가야 자신의 가치를 올릴 수 있을 텐데, 고급정보라고 할 만한 정보는 전혀 보이지 않는다. 마지막 같은 경우도 해병대가 쿠데타에 앞장선 것보다 실제 병력 수나 편성, 사용하는 무기 등이 더 그럴듯한 정보일 텐데 해병대가 쿠데타에 참여한 것이나 시가행진에 해병대와 여군까지 함께 한다는 것은 의외였다. 간첩이 할 이야기가 아니라, 간첩 혐의를 받고 있는 사람에게 수사관이 주입하고 있다는 생각이 드는 부분이라 할 수 있다.

4) 적극적으로 '간첩'에 동조한 사람들

수사기록에 따르면 앞에서 언급한 3인 외에 이들에게 포섭되어 적극적으로 '간첩' 활동을 한 사람들이 있었다. 김용희, 손두익, 박인조, 서화수, 전원술, 전덕술, 김장곤 등이 이에 해당되었다.

손두익은 1930년 울릉군 북면 라리동에서 손진근의 장남으로 태어났다. 1944년 천부국민학교를 졸업하고 농업에 종사하면서 배를 타다가 1957년 3월 신창호의 선장, 1960년 3월 해양호의 선장, 1964년 9월 치수호의 선장, 1966년 9월 동영호의 선장, 1969년 3월 천일호의 선장, 1970년 6월 대왕호의 선장을 거쳐 1970년 12월 어선 만길호를 조선하여 선주 겸 선장이 되었다. 전주봉의 딸인 전일순과 결혼하면서 전덕술의 매형이 되었다. 손두익도 오래전에 죽은 줄 알았던 처남이 돌아왔고, 다시 돌아가는 과정에서 마중한 것이 화근이었다. 더구나 손두익은 1957년부터 어업에 종사했는데, 1964년 강원도 거진항으로 명태잡이를 갔다가 납북이 되었었다. 30일 만에 돌아왔을 때 국가는 그에게 징역 3년, 집행유예 5년을 선고했다.[12] 1974년 울릉도 간첩단 조작 사건이 있었을 때 이런 전력은 그를 적극적으로 동조한 사람으로 몰아가는 이유가 되었다. "북한에 있을 때는 별 특별한 일도 없었고 … 주로 영화를 보았는데 졸면 상영을 중지하고 졸지 말라고 윽박지르곤 하였지요. 제가 북한에 체류하는 동안 했던 일은 그런 정도의 일밖에 없었어요." 그는 이렇게 항변했지만 수사당국에 이 말은 먹히지 않았다. 앞에서 본 것과 같이 북의 공작원에게 정보를 제공했다고 보기에는 어색한 부분이 많았다. 특히 수사기록에서 그가 전덕술과 같이 왔던 공작원과 나누었다는 말을 옮겨보면 다음과 같다.

1. 거진항에는 현재까지 목조선착장이 있다.
2. 울릉도에는 경찰서가 있고, 요소에 경비초소가 있다.
3. 울릉도에는 15개의 중·고등학교가 있다.
4. 남한에서는 쌀 한 말에 150원이며, 진달래 한 갑에 15원이다.

박인조는 1935년 경북 울릉군 북면에서 박준선과 이아지 사이에서 2남 4녀 중 장남으로 태어났다. 천부국민학교, 울릉중학교를 거쳐 1955년 포항 동지상고를 졸업하고 울릉도로 돌아왔다. 농업에 종사하던 중 1956년 공군에 자원입대하여 복무하다가 1958년 제대하였다. 1959년 청구대학을 중퇴하고 울릉도로 다시 돌아왔다. 1967년 대구로 이사하여 전영봉과 공동투자로 성림인쇄소를 운영하였다. 1967년에는 중앙타자학원을 설립하였으나 사업이 부진하자 1969년 다시 울릉도로 귀향하여 약초를 재배하였다. 어린 시절 외지로 나갔지만 청구대학 중퇴 후 울릉도로 다시 돌아왔고 사업을 위해 대구로 나갔을 때 전영봉과 동업을 했고, 이것이 전영봉, 전영관에게 포섭되었다는 주요한 증거가 되었다.

서화수는 1933년 경북 월성군 현곡면에서 서한석과 문경희 사이에서 3남으로 태어났다. 1947년 현곡국민학교를 졸업하고 농업에 종사하다가 1949년 울릉도로 와서 남면 도동의 성인양조장 직공으로 일하다가 전영관의 여동생 전필봉과 결혼하고 1967년부터 어선 대영호, 1972년에는 원양호의 선원, 1973년부터는 금어호의 선원으로 일했다. 전필봉과 결혼하면서 전덕술의 고모부가 되었고, 어업에 종사했다는 것 때문에 전영봉, 전영관이 입북할 때 적극적으로 협조한 것으로 그려졌고, 이것이 그가 '간첩'이 된 이유였다.

전원술은 1935년 울릉군 남면 도동에서 전주봉의 차남으로 태어났다. 전덕술의 바로 아래 동생이었다. 우산국민학교와 우산중학교를 거쳐서 1955년 울릉수산고등학교를 졸업하고 포항의 수산대학에 진학하였다. 1958년 졸업 후 울릉도의 성인양조장 판매원으로 일하다가 1964년부터는 우산고등공민학교, 우산국민학교, 울릉중학교 교사 등을 거쳐 1973년부터 대구 상업고등학교 교사로 근무하였다. 전덕술의 방문에 전원술은 부모와 더불어 형을 가장 반겼을 것이고, 형인 전덕술 또한 바로 아래 동생인 전원술에게 부모님을 부탁하며 돈(미화 1000불)을 건넸는데, 이것이 공작금으로 둔갑하였다.

전국술은 1941년 울릉군 남면 도동에서 전주봉의 3남으로 태어났다. 저동국민학교, 울릉중학교, 울릉수산고등학교를 거쳐 1963년에는 연세대학교에 입학하였다. 1968년 연세대학교 경영학과를 졸업하고 중소기업은행에 취업하였다. 1973년부터는 부산지점 행원으로 근무하였다. 둘째 형인 전원술과 달리 전국술은 큰형과 나이 차이가 상당히 많이 나는 편이었고, 어린 시절 기억 속에 큰형은 엄한 모습으로 남아 있었다. 큰형의 방문은 전국술에게도 매우 반가웠다. 그리고 직장생활 때문에 외지에 나가 있어 어느덧 잊힌 일이 되었지만 12년 전 큰형의 방문은 동생 전국술을 '간첩'으로 만드는 계기가 되었다.

전서봉은 1925년 울릉군 남면 저동에서 전군석과 남상리 사이에서 4남으로 태어났다. 1940년 도동공립심상소학교를 졸업하고 형인 전석봉이 경영하는 영제의원 조수로 일하다가 1943년 해군특별지원병으로 입대하여 복무하다가 해방 후 귀국하였다. 영제의원 조수로 있다가 1950년부터 전석봉 소유의 성인양조장 관리인으로 일하였다. 1968년부터 사동양조장을 매수하여 운영하였다. 그도 장조카인 전덕술의 방문 때 그를 만났고, 이를 신고하지 않았다는 혐의를 받게 되었다. 대한청년단, 공화당에 참여했을 뿐만 아니라 독도경비대에 지속적으로 후원을 했음에도 이 혐의에서 빠져나갈 수 없었다.[13]

울릉도 간첩단 조작 사건

김장곤은 1945년 충남 서천군 장항읍에서 김용득과 정계월 사이에서 차남으로 태어났다. 대구로 이사하여 경북대학교사범대학부속국민학교, 경일중학교를 거쳐서 1963년에는 서울의 동양공고를 졸업하였다. 1964년 광운전자공과대학에 진학하였다. 학군단에 지원하여 1968년 졸업과 동시에 육군소위로 임관하였다. 1970년 제대하고 대한선박주식회사에서 통신사로 일하였다. 1974년 광운전자공과대학의 조교로 근무하였다. 김장곤은 '간첩' 김용득의 아들인 데다가 전자공과대학을 졸업한 것 때문에 북한의 지령을 탐지할 무전기를 수령 은닉했다는 혐의를 받았다.

적극적으로 '간첩'에 동조하고 협조했다는 이유로 간첩 수사를 받은 사람들은 전덕술의 방문 당시 울릉도에 있었던 가까운 친척이거나 혼인을 통해 밀접한 관계에 있었던 이들이 대부분이었다.

5) '간첩'을 방조한 사람들

전덕술의 방문 때 전주봉의 집을 방문한 가족 및 친척, 또는 이를 전해 들은 친척들이 여기에 해당되었고, 적극적으로 동조했다는 사람들과의 관계는 주범에 해당되는 인물에서 조금 더 먼 관계였다는 것이 혐의에 반영되었다고 할 수 있다. 전석봉, 전성술, 전연순, 전경술, 한학수, 한명국, 한명도, 안월득이 이에 해당되었다.

전석봉은 1915년 울릉군 남면 도동에서 전군석과 남상리 사이에서 3남으로 태어났다. 울릉도공립보통학교를 거쳐 대구사범학교에 진학했으나 중퇴하고 경북 월성군의 임병칠의원 조수로 일하다가 1938년 의생시험에 합격하면서 울릉도 서면 남양동에서 남양의원을 개업하였고, 1944년 영제의원을 개설하였다. 1950년에는 울릉군 보건진료소장으로 취임하였다. 1960년 5대 민의원 선거 때 울릉군 선거구에 무소속으로 출마하여 당선되었고, 바로 민주당에 입당하였으나 5·16으로 의원직을 상실하고 울릉군 남면 도동에서 영제의원을 개업하였다가 1968년 경북 달성군 성서면으로 이주하여 전의원을 개업하였다. 보건진료소장을 지냈던 경험도, 울릉도를 대표하는 민의원으로 선출되었던 것도 '간첩'인 장조카의 잠입을 방조했다는 혐의 앞에서는 무용지물이었다.

전성술은 1947년 울릉군 남면 도동에서 전주봉과 권수봉 사이에서 4남으로 태어났다. 저동국민학교, 울릉중학교를 거쳐 1968년 울릉수산학교를 졸업하였다. 졸업 후 육군에 입대하여 1972년 제대 후 서울의 상진산업사에서 근무하다가 회사가 폐업하고 울릉도로 귀향하여 오징어잡이에 종사하였다. 전성술은 큰형인 전덕술과 나이 차이가 많이 나서 어린 시절 함께 지냈던 시간을 기억할 수 없었지만, '간첩'의 잠입과 탈출을 도왔다는 혐의에서 벗어날 수는 없었다.

전연순은 1929년 울릉군 남면 도동에서 전주봉의 장녀로 태어났다. 도동국민학교를 졸업한 후 1948년 정의출과 결혼하여 5형제를 낳았다. 정의출은 1927년 울릉군 서면 남서동에서 정용도와 정해순 사이에서 3남으로 태어났다. 서면국민학교를 졸업하고 가사에 종사하다가 1947년 전연순과 결혼하였다. 1953년 경북경찰국 순경으로 임명되어 울릉경찰서에서 근무하였다. 1961년 청도경찰서, 1962년 울진경찰서, 1963년 남대구경찰서 등을 거쳐 1968년 울릉경찰서에서 근무하였다. 1969년 근무지 이탈, 직무유기 등으로 파면된 후 1970년부터 어업에 종사하였다. 전직 경찰이었지만 그도 처남이었던 전덕술의 방문으로 인한 혐의에서 벗어날 수 없었다.

전경술은 1938년 울릉군 남면 도동에서 전석봉과 홍순임 사이에서 장남으로 태어났다. 울릉국민학교, 경북고등학교를 거쳐 1956년에 대구대학 약학과에 진학했다. 1960년 대구대학을 졸업하고 아버지 전석봉의 수행원으로 일하다가 1961년 4월 군에 입대하였고, 1962년 일등병으로 의병제대하였다. 1962년 국립소록도병원 약무원으로 종사하다가 대구시 남산동에서 남문약국을 개설하고 약국을 경영하였다. 전경술은 사촌 형 전덕술의 방문 당시 그를 직접 만나지는 않았지만 숙부 전영관의 '간첩' 활동을 방조했다는 혐의로 체포되었다.

한학수는 1917년 울릉군 남면 저동에서 한기숙의 차남으로 태어났다. 어린 시절 한학을 1년 동안 공부했다. 그 후에는 농업에 종사하였고, 1948년부터 울릉군 남면 저동에 있는 침례교회에 나가기 시작하여 1959년에는 안수 집사에 임명되어 교회 일을 도왔다. 1969년 도동에서 신흥목재소를 설립, 운영하였다. 부인 전유봉으로부터 처조카 전덕술에 대해서 듣고 찾아가 확인했으나 이를 신고하지 않았다는 혐의로 체포되었다.

한명국은 1937년 울릉군 남면 저동에서 한학수의 장남으로 태어났다. 1953년 저동국민학교를 졸업하고 울릉중학교를 거쳐 1957년에 대구 영남고등학교를 졸업했다. 졸업 후 울릉도로 가서 농업에 종사하다가 1960년 대전대학 영문과에 진학하여 1963년 졸업하고, 대전 침례회 신학교에 입학하였다. 충남 대덕군에 있는 도안 침례교회 전도사로 목회활동을 하다가 1964년 군에 입대하여 1967년 만기제대하였다. 제대 후 복학하여 충북 옥천군의 이원 침례교회에서 목회하였고, 1969년 신학교를 졸업하고 1971년부터 부산시 거제동에 남문교회 목사로 임명되었다. 어머니 전유봉으로부터 외사촌 전덕술에 대한 이야기를 듣고, 아버지로부터 외삼촌 전영관의 '간첩' 행위를 들었으나 신고하지 않았다는 혐의로 체포되었다.

한명도는 울릉군 남면 저동에서 한학수의 차남으로 태어났다. 저동국민학교와 울릉중학교를 거쳐 울릉수산고등학교에 입학하였다. 1961년 졸업하고 1962년 대전침례회 신학교에 진학하였고 1963년에는 농업협동조합초급대학에 입학하였다. 1965년 수료 후 울릉농업협동조합 임시직원이 되었다가 1966년 대전침례회 신학교에 편입하여 1967년 졸업하고 북방 침례교회 전도사로 활동하였다. 1973년부터 서울 영등포구 시흥동에 있는 홍암교회의 목사로 임명되었다. 어머니 전유봉으로부터 외사촌 전덕술에 대한 이야기를 듣고, 아버지로부터 외삼촌 전영관의 '간첩' 행위를 들었으나 신고하지 않았다는 혐의로 체포되었다.

안월득은 1937년 충남 서천군 한산면에서 안교운과 전옥희 사이에서 4녀로 태어났다. 한산국민학교를 거쳐 1954년 군산 중앙여중을 졸업했다. 1957년 김용득의 동생 김용호와 결혼하여 3남매를 출산하였다. 전영관에게는 처남댁이 되는 관계였다.

이들 역시 전씨 집안이거나 혼인을 통해 연결된 사이였지만 직접적으로 연관된 것은 아니었기 때문에 혐의사실에서도 직접적인 행위를 했다기보다는 친척끼리의 대화를 통해 '간첩'임을 인지했음에도 적극적으로 당국에 알리지 않았다는 불고지죄로 재판에 넘겨졌다. 이

울릉도 간첩단 조작 사건

들은 간첩단 조작 사건의 광풍 속에 이 사건의 규모를 키우는 데 이용되었던 것이다.

제5장

울릉도 간첩단 사건에 연루된
전라북도 사람들

홍종욱

1. 재일교포 이좌영과 전라북도 사람들

울릉도 간첩단 사건으로 기소되어 재판에 부쳐진 32명 가운데 12명
은 전라북도 사람들이었다. 이들 대부분은 재일교포 사업가인 이좌영
李佐永과 인연이 있었다. 제1심 판결문에 따르면 이좌영은 김용득에게
돈을 빌려줬다.[1] 김용득의 부인은 울릉도 출신이었다. 처갓집 사람들
을 따라 북한에 다녀온 적이 있는 김용득은 울릉도 간첩단 사건으로
사형을 당했다. 12명의 전북 사람들은 울릉도에 가본 적도 없는데 이
좌영, 김용득을 고리로 울릉도 거점 간첩단 사건에 엮인 셈이다.

〈표 5-1〉은 울릉도 간첩단 사건에 연루된 전북 사람들의 정보를 제
1심 판결문을 바탕으로 정리한 것이다. 이들은 이좌영과 맺은 관계에
따라 세 부류로 나뉜다. 먼저 가족과 마을 사람이다. 이지영과 이사영
은 친형제이고, 이을영은 육촌 형제다. 구자현, 홍봉훈, 하석순은 같

성명	생년	직업	주소	본적
이지영李智永	1925	농업	전북 익산군 삼기면	전북 익산군 삼기면
이사영李士永	1940	회사원	서울 성동구	전북 익산군 삼기면
이을영李乙永	1929	상업	서울 서대문구	전북 익산군 삼기면
구자현具滋賢	1934	상업	서울 동대문구	전북 완주군
홍봉훈洪奉塤	1926	농업	전북 익산군 삼기면	전북 익산군 금마면
하석순河石順	1932	회사원	부산 동구	부산 동래구
이성희李聖熙	1926	교수	전북 전주시	전북 부안군
최규식崔奎植	1937	수의사	전북 부안군	전북 부안군
이태영李泰永	1932	교수	서울 도봉구	전북 익산군 춘포면
김영권金永權	1934	농업	전북 고창군	전북 고창군
유창렬柳暢烈	1931	농업	전북 장수군	전북 장수군
이한식李漢植	1932	농업	전북 진안군	전북 진안군

직업, 주소, 본적은 1974년 당시의 것이다.

은 마을 출신이다. 두 번째는 대학 교원을 비롯한 지식인들이다. 대학
교원이었던 이성희와 이태영은 일본을 방문하여 이좌영에게 도움을
받았다. 수의사였던 최규식은 농업연수차 일본을 방문해 이좌영의 도
움을 받았다. 마지막으로 김영권, 유창렬, 이한식은 농업연수생으로
일본을 방문했다가 간첩으로 몰렸다. 이들은 이좌영과 직접 관련이
없다.

　1974년 울릉도 간첩단 사건이 발생했을 때 이좌영은 47세였다. 이
좌영과 인연을 맺은 9명 가운데 가장 나이가 많은 이는 이좌영의 형
인 이지영으로 체포 당시 50세였다. 가장 어린 이는 우연히도 이좌영

의 동생으로 35세였다. 사는 곳은 서울, 전북, 부산이지만 본적은 하석순을 제외하고 모두 전북이었다. 하석순도 본적이 부산으로 되어 있지만, 역시 이좌영과 같은 전북 익산군 삼기면 출신이었다. 울릉도 간첩단 사건에 연루된 전북 사람들은 이좌영 입장에서는 동생보다는 나이가 많고 형보다는 어린 동년배였다. 여기에 같은 전라북도 출신이라는 유대감이 더해져 서로 인연을 맺게 되었다고 판단된다. 이좌영과 관계가 없는 농업연수생 3명은 단지 전북 출신이라는 이유로 같은 사건에 엮이게 되었다.

2. 일본에서 사업가로 성공한 이좌영에게 의지한 가족과 마을 사람들

이좌영의 동생 이사영은 북한에 다녀온 적이 없는 사람으로서는 가장 무거운 징역 15년형을 받았다. 그것도 제1심의 무기징역이 제2심에서 낮춰진 결과였다. 이좌영이 한국에서 벌인 사업을 가까이에서 도운 탓이었다. 2020년 6월에 이사영 님을 직접 만나 이야기를 들을 기회가 있었다.[2] 아래에서는 이사영 자신의 구술을 바탕으로 출생에서 1974년 울릉도 간첩단 사건으로 체포될 때까지 형제들의 삶을 복원해보겠다.

　이사영의 형제는, 형 둘(지영, 좌영), 이어서 누나 둘, 다섯째 사영, 그리고 막내 여동생 등 모두 육남매였다. 이사영의 실제 생년은 1938년으로 큰형 지영과는 열네 살, 작은 형 좌영과는 열 살 차이였다. 고향 마을은 전북 익산군 삼기면 기산리였다. 집이 무척 어려워 어린 시절

2020년 6월 이사영 님 자택에서

다른 친구들이 거의 다 고무신을 신을 때 이사영은 맨발이었다. 날이 추워져 서리가 내리면 발이 시려 뛰어다녔다고 기억한다.

큰형 지영과 누나 둘은 학교를 다니지 못했다. 어려서부터 총명했던 작은형 좌영은 어찌어찌 보통학교를 마쳤지만, 아버지는 중학교 보낼 생각을 하지 않았다. 이런 인재는 학교에 더 보내야 한다고 주변 사람들이 걱정하는 가운데 독지가가 나타난 덕분에 좌영은 명문 이리 농림학교를 다닐 수 있었다. 이후 좌영은 익산 시내에 사는 이모할머니에게 맡겨졌기 때문에 사영과 함께 놀 기회가 그다지 없었다고 한다. 해방이 되고 학교를 마친 좌영은 신한공사에 들어갔다. 그러나 어

울릉도 간첩단 조작 사건

느 날 집에도 회사에도 알리지 않고 사라졌다. 나중에 사진을 동봉한 편지가 도착해 일본에 간 것을 알게 되었다.

이사영이 국민학교 5학년 때 6·25전쟁이 터져 학업이 일단 중단되었다. 큰형 지영은 인민군에 부역해 전쟁 후에 고초를 겪었다. 일본에 간 작은형 좌영은 1953년 음력 8월 추석날에 처음 집을 찾아왔다. 동네 사람들이 다 모인 탓에 막상 형과 대화는 별로 하지 못했다. 너는 뭐 하냐고 묻기에 집에서 일한다니까, 작은형은 아버지께 호통을 치고 당장 중학교에 갈 수 있게 해줬다. 동창들은 이미 중학교 2학년이었지만, 사영은 1학년 2학기부터 다시 시작했다.

사영은 1956년에 중학교를 마치고 이리공고에 들어갔다. 이리에서 기차로 두 정거장 떨어진 데 사는 작은아버지 댁에 맡겨졌는데, 집에서 쌀 한 말 가져다주는 일이 없어 무척 곤란했다. 교통비도 없어 매일같이 '도둑차'로 몰래 기차를 타야 했다. 1959년에 고등학교를 졸업했지만, 취직이 안 돼 큰형 집에서 농사를 지었다. 그러다가 친구 말을 듣고 강원도 화천의 양계장에 가서 일하기도 했다. 1960년 4·19의 혼란 속에 집에 돌아왔다.

일본에서 온 이좌영의 도움으로 한양대학교 야간부에 들어갈 수 있었다. 등록금부터 하숙비까지 모두 작은형 좌영이 댔다. 아버지는 쌀 한 톨 안 대줬다고 한다. 작은형 좌영은 이사영에게 부모님 이상의 존재였다. 한동안 서울 신촌 노고산동에 있는 고향 익산 국회의원 김형섭 집에서 지냈다. 그러나 5·16 쿠데타가 나서 그것도 끝이 났다. 김형섭은 자유당 국회의원이었다.

대학 때 군대 영장이 나왔지만, 제대 후에도 작은형 좌영의 지원을 계속 받는다는 보장이 없었으므로 일단 입영을 미뤘다. 1965년에 졸업하고 입대했지만, 폐병이라고 귀가 조치되었다. 1967년에 결혼하고 이듬해 1968년에 다시 작은형 좌영의 도움으로 전주 연초제조창에 취직했다. 1970년에 뒤늦게 다시 영장이 나와 입대했지만, 65세 넘은 부모가 계시고 이미 애들이 둘이 있어 1년 만에 의가사 제대했다.

그 무렵 작은형 좌영은 서울 장안동에 신한섬유라는 니트 공장을 세웠다. 이사영은 군대에서 나온 후 신한섬유에서 일하게 됐다. 직공이 200명 정도 되는 꽤 큰 공장이었다. 막내 여동생 남편인 최길하가 사장이었다. 최길하는 니트 기술자였다. 작은형 좌영의 심부름으로 남대문시장에 있던 재종형 이을영, 동국대 교원 이태영 등을 만나기도 했다.[3] 1972년에 작은형 좌영의 일본 회사에 부장으로 있던 양동수梁東洙라는 사람이 합작 사업 관계로 서울에 왔다. 재일교포인데 한국말도 잘 못했다. 그가 돌아가는 길에 김포공항에서 잡혀 중앙정보부에 끌려가 고초를 겪었다. 이후 작은형 좌영은 한국에 오지 못했다.

이사영은 1973년 3월에 일본을 다녀온 작은형 좌영의 선배 이성희를 정부종합청사 뒤 다방에서 만났다. 이성희는 일본하고 돈이 오고 간 내역이 담긴 서류 등을 없애라는 이좌영의 지시를 전했다.[4] 이에 따라 이좌영의 국내 연락처를 적은 전화번호 수첩 한 권과 신한섬유공업 주식회사 설립 당시인 1968년 8월부터 10월 22일까지 금전출납부를 소각했다.[5]

1974년 2월에 체포되었다. 수사와 재판 과정에서는 작은형 좌영에게 돈을 받은 것 외에 라디오를 받아 북한 방송을 들은 것이 문제가됐다. 이좌영은 1960년대 후반 일본에서 나올 때 라디오를 가져와 가족과 지인들에게 주곤 했다. 이사영도 처음에는 작은형이 아버지 집에 놓고 간 라디오를 들었다. 이를 두고 중앙정보부는 이좌영이 북한 방송을 들으라고 라디오를 건넸다고 몰아붙였다.

이좌영의 형 이지영도 울릉도 간첩단 사건에 연루되어 징역을 살았다. 제1심 판결문에 따르면 이지영은 동생 좌영에게 수시로 돈을 받았다. 또 좌영에게 받은 라디오로 북한 방송을 들은 혐의가 덧붙여졌다. 좌영에게 같은 마을 출신인 구자현을 소개한 것도 문제가 되었다.[6] 이사영의 구술에 따르면 큰형 이지영은 배우지도 못하고 식구도 많아 형편이 어려웠다. 이런 큰형에게 작은형 좌영은 정미소를 사주는 등 금전적 지원을 많이 했다고 한다.[7] 수사와 재판에서는 이러한 혈육의 정이 모두 공작금 지원으로 탈바꿈했다.

제1심 판결문에는 육촌 형제인 이을영도 이지영 집에서 이좌영을 만나 포섭된 것으로 나온다. 이사영의 구술에 따르면 이을영은 남대문시장에서 일했다. 이을영 역시 이좌영에게 라디오를 받아 북한 방송을 들은 게 주요한 혐의였다. 관광차 일본으로 건너가는 사람 편에 이좌영에게 편지와 술을 전하면서 어머니의 위암 약을 부탁한 것도 문제가 되었다.[8]

동향 출신인 구자현 역시 이좌영을 만나 돈과 라디오를 받은 혐의를 받았다. 제1심 판결문에 따르면 "농사가 잘되었으나, 서리가 위험하다"는 암호를 사용하여, 조직사업이 잘되고 있으나 신변에 위험을 느끼고 있다고 이좌영에게 서면 보고를 했다고 하나, 사실 여부는 알 수 없다. 이좌영이 "아버지의 원수를 갚기 위하여도 교양을 쌓아야 한다"고 선동했다는 진술이 있는데, 구자현의 아버지에게 무슨 일이 있

었는지까지는 조사하지 못했다.[9]

법원은 동향 출신으로 부산에서 생활하던 홍봉훈과 하석순도 이좌
영에게 포섭된 것으로 판단했다. 제1심 판결문에 따르면 1953년에
외무부 부산출장소에서 주사로 근무하던 홍봉훈은 동료의 소개로 '재
일교포 보따리 장사' 이좌영을 알게 되었다. 이후 열 번 정도 만났으
나, 1955년에 이좌영이 김포공항 밀수 사건에 연루된 뒤로는 한동안
만나지 않았다. 1964년에 전북 익산의 이지영 집에서 이좌영과 다시
만난 뒤, 통관 관계를 도와주는 대신 동생 사업자금의 은행 대출을 알
선받았다.[10] 하석순은 1960년에 전북 익산 자기 집에서 이좌영을 만
났다. 제1심 판결문에 따르면 이좌영을 만날 때마다 북한 선전을 들
었다고 한다. 하석순은 부산에서 해원양성소 총무로 있었다. 1971년
에 이좌영은 이지영 장남의 취업을 부탁하면서, 한번은 홍봉훈을 통
해, 한번은 직접 하석순에게 돈을 전달했다.[11]

재일교포 이좌영이 가족과 지인에게 베푼 도움을 중앙정보부, 검
찰, 법원은 조선총련 공작원으로서 공작금을 살포한 것으로 판단했
다. 이좌영과 주변 사람들 사이에 실제로 무슨 이야기가 오갔는지에
대해 세세한 부분까지는 알 길이 없다. 다만 수사와 재판 기록을 봐도
뚜렷한 간첩활동이 제시되어 있지는 않다. 편견을 버리고 제1심 판결
문을 읽으면, 거창한 간첩활동이라기보다, 성공한 재일교포 사업가가
고국의 가족과 지인을 경제적으로 돕고 또 그들에게 일부 도움을 받
은 이야기로 다가온다.

울릉도 간첩단 조작 사건

3. 간첩 조작 올가미에 걸린 일본 농업연수생들

울릉도 간첩단 사건에는 이좌영과 직접 관계가 없는 전북 출신 농업 연수생 3명도 얽혀 들어갔다. 제1심 판결문을 바탕으로 세 사람이 일본에서 지낸 행적을 살펴보겠다. 중앙정보부의 공작과 과장을 걷어내야 하겠지만, 가난한 반공독재의 나라에서 살다가 상대적으로 여유가 있는 일본 땅에 발 딛은 한국 청년들이, 반공이데올로기로부터 자유로운 재일 한인들과 접하면서 겪었을 문화적·정치적 충격을 엿볼 수 있다.

전북 고창 출신 김영권은 1965년 1월에 일본으로 건너가 가나가와神奈川 현 히라즈카平塚 시에서 양돈 연수를 받았다. 그해 10월에는 조선총련 간부 오두성을 만나 조선총련이 운영하는 민족학교를 견학했다. 다음 해인 1966년 1월에 오두성의 소개로 공작원 김 모를 만나 용돈과 선물을 받았다. 1월 하순에 김 모의 안내로 어떤 아지트에서 북한 극영화를 시청하고, 7월에는 그와 함께 일본 각지를 관광했다. 8월에는 홋카이도 삿포로에서 열린 낙농대회를 견학한 후 입북했다. 일본에 돌아온 후 귀국했다.[12]

전북 장수 출신 유창렬과 전북 진안 출신 이한식은 1965년 9월에 잠업 기술 연수차 일본으로 건너갔다. 민단 도쿄도 본부 단장 김기철, 일본 농림수산 기술교류협회장 노다 유이치 등의 초청과 전북도청의 추천으로 이루어진 연수였다. 모두 17명의 잠업 기술 연수생은 후쿠시마福島 현 다테伊達 군 야나가와초梁川町 잠업 시험장에서 연수를 받았다.

유창렬은 그해 10월 후쿠시마 현 조선총련 간부에게 김치 한 통을 선물 받았다. 조선총련 소속 김봉식에게 밥도 얻어먹고 용돈도 받았다. 김봉식은 "남조선은 연수생들을 돌보지 않기 때문에 연수생들이 일본인 농가에서 머슴살이를 하게 한다"고 비난했다. 유창렬은 김봉식을 따라 도쿄 구경을 가서 조선총련이 운영하는 조선대학교를 견학하고 북한 기록영화도 관람했다. 1973년에 형 유동열의 초청을 받아 일본을 다시 방문했을 때도 김봉식을 만났다.[13]

이한식은 1966년 1월부터 후쿠시마 현 시라카와白河 시 주유소에서 일했다. 그러던 중 기름을 넣으러 자주 오던 조선총련 소속 송기수를 알게 되어 그의 안내로 후쿠시마 현을 관광했다. 이한식은 송기수에게 "6·25 때 매부 태우섭이 전북 진안군 민청 위원장으로 활동하다가 월북하였는데 생사를 알아봐달라"고 부탁했다. 그해 4월 송기수의 소개로 도쿄 조선총련 소속 송상원을 만났다. 그는 "농업기술 연수생 일행에 대한 재정보증인 김기철 민단장이 소홀히 하야 모두 고생한다"고 비판했다. 도쿄에 가서 조선총련이 운영하는 신문사인 조선신보사와 조선대학교를 견학하고 북한 선전영화를 관람했다. 아울러 매부는 북한에 살고 있지 않다는 확인도 받았다. 그 뒤 다른 조선총련 사람에게 "당신들은 한국에서 기술을 배우러 온 것이 아니라 일본 사람들의 종살이를 하러 온 것이다"라는 말을 듣기도 했다.[14]

당시 신문 기사를 통해 일본 농업연수 실태를 일부 확인할 수 있다. 1966년 7월만 해도 "전국 농업 기술자 협회 독농가 11명 파견"[15], "사단법인 국제농림수산기술교류협회 일본과의 기술 교류 계획에 따라 농업연수생 61명 18일에 파견"[16] 등의 기사가 확인된다. 울릉도

울릉도 간첩단 조작 사건

간첩단 사건에 연루된 전북 사람들의 농업연수는 모두 1965년이다. 1965년 한일 국교 정상화에 즈음하여 한일 교류가 공식화하는 가운데, 일본으로의 농업연수도 활발해진 것으로 판단된다.

지역별, 단체별로 다양한 농업연수가 실시되는 가운데 여러 문제도 불거졌는데, 전북 사람들의 연수 경험에서도 이런 문제들이 확인된다. 특히 명목은 연수지만 실질적으로는 단기 계약 노동자에 지나지 않았다는 비판이다. 일본 농업연수에 관한 기사는 찾지 못했지만, 1968년 캐나다로 떠난 농업기술 연수생의 처지가 단순한 고용원에 지나지 않는다고 폭로하는 신문 기사가 눈에 띈다.[17] 조선총련 관계자가 유창렬과 이한식에 대해 '머슴살이', '종살이'를 하고 있다고 비판한 사실을 떠올리게 된다.

조금 뒤인 1970년대 중반의 일이지만 국제기능개발협회라는 곳에서 수백 명의 여성 노동자를 오키나와에 파견한 일이 있었다.[18] 임금은 협회가 일괄적으로 관리했는데, 노동자에게 임금을 체불하는 등의 문제가 발생했다. 이에 대해 일본 언론은 국제기능개발협회가 중앙정보부와 관계가 있다고 의심하며, 동 협회의 현지 책임자가 노동자의 개인행동을 제한하고 "재일 조선총련이 암약하는 장소에서는 당연한 조치"라고 밝힌 점을 문제 삼았다.[19]

신문 기사 등에서 확인되는 1960~1970년대 일본 농업연수생 혹은 단기 계약 노동자의 상황은, 여러 근본적인 차이에도 불구하고 언뜻 보아 오늘날 외국에서 철저한 감시 아래 일하는 북한 노동자의 처지와 비슷한 면이 있다. 조선총련 관계자를 비롯한 재일교포들은 무엇보다 남한 출신 사람들의 어려운 경제적 처지를 동정해 여러 도움을 주었다. 물론 여기서 조선총련의 적극적인 공작이 존재한 사실도 놓쳐서는 안 된다. 그들이 생각하는 남한 민주화운동의 일환이었겠지만, 북한에 대한 선전 그리고 입북 권유 등은 남한 출신 사람들의 삶에 돌이킬 수 없는 상처를 남겼다.[20]

법원 판결문에 따르면 조선총련 사람을 만난 이들 가운데 일부는 귀국 후에도 무인포스트 등을 통해 북한 공작원과 접촉을 이어갔다. 중앙정보부, 검찰의 조작과 과장을 걷어내야 하겠지만, 일본에서 신세를 진 탓에 갑자기 관계를 끊기 어려웠던 점도 있었으리라 판단된다. 특히 북한에 다녀온 사람은 반공독재체제 아래서 그 사실이 밝혀지면 자신의 삶이 끝난다는 공포가 오히려 자신의 발목을 잡았을 것이다.

4. 동향 출신 재일교포 사업가에게 도움을 받은 지식인들

전북대 교원이었던 이성희는 울릉도 간첩단 사건의 주요 인물로 지목되어 17년 동안 옥살이를 했다. 2020년 6월에 이성희 님을 직접 만나 이야기를 들었다. 여기서는 본인의 구술을 바탕으로, 고향에서 자란 어린 시절, 이리농림학교에서 받은 교육, 일본군 생활, 전북대 수의학교원 시절, 일본 유학과 입북 경험 등 이성희의 생애와 활동을 소개하겠다.[21] 이성희의 삶은 식민주의와 냉전으로 점철된 한국근현대사의 단면을 보여준다. 아울러 간첩 조작 사건이 우리 역사의 굴곡과 깊이 맞물려 있는 점을 확인할 수 있다.

2020년 6월 이성희 님 자택에서(왼쪽부터 이성희 님, 필자, 순천대 유상수 님)

　이성희는 1926년에 전북 부안군 백산면 금관리에서 태어났다. 어린 시절에는 대문 안집 둘째 아들로서 남부럽지 않게 지냈다. 승지 벼슬을 한 할아버지가 있어서 대문을 크게 지을 수 있었다고 한다. 이성희 집안은 호남선 기차가 부설될 때 투자를 해서 큰돈을 벌었다. 아버지는 정읍농업학교 제3회 졸업생이었다. 정읍농업학교는 군산에서 출발했는데, 일본 사람들이 군산으로 모이니까 학교를 정읍으로 옮겼다. 아버지는 군청에서 일했다. 여름에는 집에 일꾼이 10명 정도 됐고, 겨울에도 눈 치울 사람 셋은 남았다. 큰 곳간에 서당 방과 머슴방도 있고 소도 한 마리 길렀다.

　형제는 모두 열둘이었는데 셋이 죽고 아홉이 자랐다. 이성희가 둘째고 바로 아래 셋째 아들이 이삼희였다. 이삼희는 육군 준장까지 지냈다. 형 성희가 간첩으로 몰리면서 동생 삼희는 군복을 벗어야 했다. 어린 시절에는 세 살 아래인 동생 삼희와 한 번도 다투지 않고 사이좋게 지냈다. 이성희의 어릴 적 별명은 대문 안집 빠가사리였다. 부잣집 아들로 자라 성질이 좋지 않았다. 뭐든 가지고 싶은 게 있으면 밥을 몇 끼 굶으면서 졸라 얻어냈다. 겨울이면 일본 아이들은 '오바'를 입는데 왜 나는 없냐고 무턱대고 졸라, 아버지가 광주 가는 길에 '오바'를 사 왔다. 또 자전거가 가지고 싶어 밥을 굶었더니, 이번에는 김제에 가서 자전거를 사 왔다. 중학교에 들어간 뒤로는 성격이 나아졌다.

삼수 끝에 이리농림학교에 진학했다. 정읍농업학교를 졸업한 형이 김제의 동진수리조합에서 일하고 있었다. 김제의 형 집에 머물면서 이리로 통학을 했다. 이리농림학교는 전국적인 명문이었다. 농과, 임과, 수의과로 나누어 일본인과 조선인을 반반씩 모집했다. 일본인 학생은 경쟁률이 높지 않았지만, 조선인 학생의 경우는 경쟁률이 높았다. 서울 학생이 이리농림학교에 오려면 10 대 1 정도의 경쟁을 뚫어야 했다. 울릉도 간첩단 사건의 주모자로 지목된 재일교포 이좌영은 2년 후배였다. 이좌영은 가난해서 기차를 못 타고 자전거 통학을 했다. 이성희와 그리 친한 사이는 아니었다.

아버지는 소가죽으로 구두도 새로 맞춰주고, 옷도 학교에서 나온 옷을 입히지 않고 양복점에 가서 제대로 맞춰줬다. 일본 사람들은 자기들보다 좋은 옷을 입은 이성희를 좋지 않게 보았다. 그래서 일본인 선배 학생들에게 자주 불려 가서 구타를 당했다. 그 선배가 졸업할 때 복수하려고 김제역에서 기다리다가 잡았는데 잘못했다고 빌기에 그냥 봐주고 말았다. 교원은 한 명 빼고 모두 일본인이었다. 교원들도 일본인 학생을 두둔했다. 특히 교련 선생은 이성희가 사상이 좋지 않다며 자주 때렸다.

1943년 3학년 겨울에 일본군 간부 후보생에 지원하라는 통지가 왔다. 이성희는 1926년생으로 징병 제3기였다. 어차피 군대에 가야 했고 학교생활도 힘들었기 때문에 시험을 봤다. 집에 안부 편지를 써보라는 것이 시험 문제였다. 그러니 얼굴만 보고 합격을 시키는 셈이었다. 1944년 4월에 합격 통지를 받고 일본군에 입대했다. 육군 항공부대에서 비행기 무장을 담당했다. 전황이 악화되어 남방 전선으로 가지는 않고 일본 국내에서만 이곳저곳으로 이동했다. 대원 20명 가운데 조선인은 이성희 한 사람뿐이었다. 눈에 띄는 차별은 없었지만, 자신이 없을 때는 '조센 삐'라고 놀리는 것을 알았다. '삐'는 창녀를 뜻한다. 종전 후 일주일 만에 한국에 돌아올 수 있었다.

학교에 갔더니 동기들은 졸업하고 없었다. 남아 있던 일본인 선생님이 수의과 졸업명부 끝에 이성희 이름을 적어주었다. 이리농림학교가 4년제에서 6년제로 바뀐 탓에 복학해서 1년 후배들과 같이 학교를 더 다녔다. 4년제도 졸업하고 6년제도 졸업한 셈이 됐다. 이리농림학교를 모태로 1948년에는 이리농과대학이 섰다. 이성희는 이리농과대학 제1회 입학생이 되었다. 이리농과대학은 1951년에 전주, 군산의 다른 학교와 합쳐 전북대학교가 되었다. 6·25 때는 피난 가지 않고 부안 집에 있었다. 인민군은 부안에 머무르지 않고 그냥 지나갔다. 다만 좌익의 활동이 두드러졌다. 사촌 형도 좌익에게 희생당했다.

이성희는 1952년에 전북대학교 제1회 졸업생이 되었다. 졸업번호 44번이었다. 마침 전북대에 수의과가 생기면서 조교로 채용되었다.

1959년 3월 전북대 수의학과를 졸업하는 제자들과(앞줄 왼쪽에서 세 번째가 이성희 님)

이성희는 농과대학을 나왔지만 이리농림학교 수의과 출신이라 수의사 면허가 있었기 때문이다. 면허 번호는 417번이다. 내과, 병리 쪽은 제대로 공부한 교원이 있어서 이성희는 외과를 맡았다. 도쿄대학 교과서를 보고 밤새 공부해서 학생들을 가르쳤다. 그 무렵 부인을 만나 결혼을 했다. 장인, 장모는 해방 전 이북에서 고등교육을 받은 이들로 두 분 모두 전북에서 국민학교 교장을 지냈다.

전북대 조교수 시절에 4·19를 겪었다. 이승만 정권 때는 대학 교원들이 경찰서에 불려 가서 부정 선거 방법을 배우고는 했다. 이성희는 구술에서 14대 할아버지가 무오사화, 갑자사화에서 처형을 당했는데, 그 피가 흐르는지 자신에게 반골 정신이 있다고 밝혔다. 김구, 여운형

울릉도 간첩단 조작 사건

을 살해한 배후에 이승만이 있다고 믿었다. 이승만은 같은 민족으로 생각할 수 없었다. 후일 일본에 있을 때 북한에 다녀온 것도 이승만에 대한 불만 때문이었다.

4·19 후에 이리농림학교 1년 후배인 신희근이 찾아왔다. 일본에서 이좌영과 같이 지냈는데, 고향에 왔다가 부안 사건 주모자로 몰려 일본으로 돌아가지 못하는 상황이었다. 1950년대 부안에서는 수차례 간첩 관련 사건이 있었다. 이성희는 신희근을 경제적으로 도와줬다. 신희근은 일본에 돌아간 뒤 이성희에게 편지를 보내 일본 유학을 권했다. 신희근이 도쿄대학 농학부장 오치 유이치越智勇一를 만나 도쿄대학 입학허가서를 받아줬다. 오치는 후일 일본 학술원 원장까지 지낸 유명한 학자인데, 해방 전에 부산에서 가축위생소 소장을 한 인연이 있었다. 한일협정 전이었지만 도쿄대학 입학허가서 덕분에 이성희는 순조롭게 출국 절차를 마치고, 1964년에 일본 유학을 떠났다.

도쿄에서 처음에는 신희근 집에 머무르면서 학교에 다녔다. 1년쯤 지났을 때 몸이 꽤 아팠는데, 신희근이 이야기를 해서 이좌영이 병문안을 왔다. 그 뒤 이좌영이 유학 끝날 때까지 매달 3만 엔을 보조했다.[22] 3만 엔은 당시 일본에서 대학을 졸업한 신입사원이 받는 월급 정도였다. 신희근의 소개로 다른 한인을 만나 북한 선전영화를 봤다. 북한 대중이 김일성에게 열광하는 장면이 있었다. 이성희가 볼 때 제주도 사건, 여순 사건 탓에 남한에는 이승만을 대통령으로 받드는 사람이 거의 없는데, 김일성은 얼마나 정치를 잘하기에 대중이 이토록 열광할까 싶었다. 그 밖에도 도쿄대학 도서관에서 북한 책을 보고 놀랐고, 학교 축제에서 북한 관련 전시를 보고 감명을 받았다.[23]

조선총련 소속인 '하야시林'라는 사람을 만났는데, 그는 북측에서 보낸 공작원을 남측 사람들이 잘 보호해준다고 말했다. 이성희는 전혀 그렇지 않고 가족들까지 나서서 신고하는 형편이라며, 정말로 민족을 위한다면 실상을 알아야 한다고 반박했다. 그리고 그런 내용을 종이에 써줬다. 식민지 시절에 끝까지 버티지 않고 일본군에 입대한 사실에 대한 반성도 담았다. 그 내용이 북측에 전달되어 입북 권유를 받았지만, 일단 학위를 받은 뒤로 미뤘다.

1967년 10월에 학위를 받자 하야시에게 입북을 권하는 연락이 왔다. 마침 한국에서 부인이 와 있었기 때문에, 눈치 채지 못하도록 일주일 안에 다녀와야 했다. 도쿄 우에노上野역에서 기차를 타고 아오모리青森 현 고도마리小泊라는 항구에 가서 소형 목조 고속정을 탔다. 하루 걸려 저녁 무렵에 청진에 도착했다. 청진에서는 비행기를 타고 밤늦게 평양에 도착했다. 평양에서는 이틀간 혁명박물관, 트랙터공장 등을 견학했다.

북한에서 마지막 날 밤에 부수상 김일을 만났다. 이성희는 일본에서 했던 이야기를 또 했다. 공작원을 보내도 남한 사람들이 모두 신고해 아무 소용이 없으니 보내지 말라고 했다. 또한 김일에게 남북통일에 대해 물었다. 김일은 미군이 있는 한 방법이 없다고 답했다. 이성희는 통일이 어렵겠다고 생각했다. 남한 학생은 데모할 때도 맥아더 앞에 화환을 놓아 반미 운동이 아니라고 표시하는 상황이라고 김일에게 말했다. 김일은 이성희에게 아무런 조직이나 활동을 하지 않아도 되니 그저 존경받는 사람으로 남으라고 말했다. 다음 날 일본에 돌아와 곧 귀국했다.

이성희는 왜 입북이라는 위험한 선택을 했을까. 먼저 이성희는 북한에 다녀온 사실이 절대 밝혀지지 않을 것이라고 믿었다. 이성희는 입북 사실을 아무에게도 말하지 않았다. 처음에는 이좌영도 몰랐고, 심지어 부인도 이성희가 체포된 뒤에야 알았다. 그렇더라도 북한에 가고자 한 동기는 무엇일까. 바로 통일에 대한 사명감, 그리고 북한 정부에 대한 기대가 이유였다고 생각된다. 당시 이성희는 일본의 지배도 36년 만에 끝났으니 미국도 적당히 물러나 머지않아 통일이 될 거라고 생각했다. 미국에 우호적이고 북한에 큰 기대를 걸지 않는 남한의 실상을 북한 지도자들에게 알리고 싶다는 생각도 컸다. 이성희는 후일 교도소에 있을 때 납북어부는 잡혀 와도 북에서 직파한 간첩은 더 이상 없는 것을 보고, 김일이 자신의 말을 들었기 때문이 아닐까 생각했다.

1967년에 귀국과 동시에 이성희는 전북대학교 교무처장을 맡았다. 그 후 문교부 장관 민관식에게 불려 가서 전북대 총장을 하라는 제의를 받기도 했다. 이좌영은 한국에 자주 들렀고 전북대에도 찾아왔다. 1971년에는 이좌영을 만나 총장선거에 필요한 자금을 수차례 지원받기도 했다. 결국, 전북대 총장은 다른 사람이 됐다. 대통령 부인 육영수가 지원하는 사람이 총장이 되었다는 이야기를 들었다. 이성희는 그때 만일 자신이 총장이 되었더라면, 간첩단 사건에서 틀림없이 사형을 당했을 거라고 믿는다. 국립대 총장은 대통령이 직접 만나 임명장을 주는 자리이기 때문이다.

이좌영 외에 신희근도 가끔 만났다. 그러던 중 1968년 8월에 하야시가 보낸 사람이 전북대 교무처장실로 찾아왔다. 재일교포라고 하면서 하야시가 쓴 편지를 전했다. 연락을 좀 달라는 내용이었다. 이성희는 놀라서 여기는 중앙정보부 사람들도 자주 출입하는 곳이니 이제 찾아오지 말라고 답했다. 편지는 금방 찢어버렸다. 그 후로는 연락이 없었다. 1971년 3월에 일본에 가서 이좌영을 만났을 때, 하야시라는 사람에게 포섭되어 북한에 다녀온 사실을 밝혔다. 그러자 이좌영은 "그러한 무책임한 사람하고는 만날 필요 없으니 연락조차 하지 말라"고 조언했다.[24]

1970년 8월에는 육군 장교인 동생 이삼희를 데리고 나가 이좌영과 함께 식사를 하기도 했다. 1972년 10월 경북대에 강의를 나갔을 때, 동생 이삼희 관사에서 같이 잔 적이 있다. 당시 이삼희는 대구에 있는 육군 사령부에서 근무 중이었다. 미군 철수 이야기가 신문에 종종 나오던 때였다. 동생한테 미군은 언제 철수하느냐고 물었더니, 동생은 잘 모르겠다고 답했다. 수사과정에서 이 이야기를 했더니 현역 육군 장교인 동생을 통해 미군 철수 관련 정보를 얻었다는 혐의를 씌웠다.

1973년 3월, 유학 갔다가 돌아온 후 두 번째로 일본을 방문했다. 이좌영을 만나 중앙정보부의 조사가 시작되었다는 이야기를 들었다. 귀국 후 이좌영의 동생 사영을 만나 이좌영에게 부탁받은 대로 일본과 돈을 거래한 내역을 없애라고 전했다. 그리고 1974년 2월에 중앙정보부에 체포되었다.

최규식은 전북 부안 출신으로 전북대 수의학과를 나온 수의사였다. 이성희의 제자인 셈이다. 최규식은 1965년 9월에 농업연수생으로 일본에 갔다. 제1심 판결문에 따라 일본에서의 행적 등을 정리하면 다음과 같다. 최규식은 가나가와 현 이세하라伊勢原의 사사키 목장

울릉도 간첩단 조작 사건

에서 낙농 연수를 받았다. 그러던 중 조선총련 공작원 노 모를 만나 유명한 관광지 하코네를 둘러봤다. 그 밖에 북한을 선전하는 기록영화도 보고, 조선총련이 운영하는 조선대학교를 구경하고, 용돈도 받았다. 같은 해 11월에는 다른 조선총련 사람 집에서 이좌영을 소개받았다. 그 뒤 이좌영에게 대학원 진학을 돕겠다는 말을 듣고 돈도 조금 받아 12월에 귀국했다. 이좌영과 수십 회 연락을 주고받은 끝에 도쿄대학 대학원 입학허가서를 받아, 1968년 4월 일본에 건너가 다시 이좌영에게 신세를 졌다.

1968년 5월에 조선총련 공작원 노 모를 만나 2만 엔을 받았다. 6월에는 노 모를 만나 아지트에 가서 교양을 받고 한국에 다녀오라고 여비 4만 엔을 받았다. 한국에 다녀온 뒤 7월에 노 모와 함께 홋카이도에 가서 공작선을 타고 입북했다. 8월에 일본에 돌아와 9월에 다시 노 모를 만났다. 한편 1970년 6월 귀국할 때까지 여러 차례 이좌영을 만났고 돈도 받았다.[25] 최규식이 조선총련 공작원을 만나 입북한 것은 사실로 판단된다. 다만 그 과정에 이좌영이 개입했는지 여부는 알 수 없다.[26]

전북 익산 출신 이태영은 독일사를 전공한 학자다. 제1심 판결문에 따라 이좌영과의 인연을 정리하면 다음과 같다. 1963년에 서독 및 오스트리아 유학을 마치고 귀국하는 길에 일본 도쿄에 들러 이좌영을 만났다. 빈 상과대학에 유학 중이던 이현종의 소개를 받아서였다. 귀국 후 동국대 교원이 된 이태영은 1965년에 오스트리아 빈대학 개교 60주년 기념제에 참석할 때 출국 길과 입국 길에 도쿄에서 이좌영을 만났다. 1967년에는 서울에서 이좌영을 만나 일본 역사학대회 출석을 위한 항공권을 부탁했다. 1969년 9월에 서독 훔볼트 재단 연구교수로 가는 길에 도쿄에 들러 이좌영을 만났다. 1970년 9월에는 가발무역을 모색하러 서독에 온 이좌영을 만나 유럽을 안내했다.

1972년 2월 서독에서 귀국하는 길에 가족과 함께 도쿄에 들러 이좌영을 만났다. 이좌영을 비롯해 여러 사람과 만난 자리에서 다른 사람이 적기가를 불렀다. 이 점이 마음에 걸려 귀국한 후에는 이좌영과 연락하지 않았다. 1972년 10월에 미국에 가는 처의 동창생에게 부탁해 이좌영에게 서신을 전달했다. 앞으로 연락하지 않아도 된다는 내용이었다. 1973년 5월에는 반공연맹 이사장인 손원일을 만났다. 손원일은 도쿄에서 이좌영을 만난 적이 있는데, 그가 간첩으로 보인다고 의심했다. 1974년 1월에 훔볼트 재단 초청으로 서독에서 연구 생활을 할 때 이좌영에게 편지를 써서 북한과의 관계에 대해 솔직하게 말해달라고 편지를 썼다. 1974년 3월 귀국 길에 도쿄에 들렀다. 이좌영은 자신이 간첩으로 몰렸다고 말했다.[27]

울릉도 간첩단 사건으로 징역 2년을 산 이태영은 직장이던 동국대로 돌아가지 못했다. 다만 다른 기관과 대학에 적을 두고 변함없이 학문 활동을 이어갔다.

5. 무너진 삶을 딛고 감옥에서 벌인 봉사 활동

이성희는 1974년 2월 중앙정보부에 연행되었다. 처음에 중앙정보부는 이좌영과 어떤 관계인지를 집요하게 물었다. 북한에 다녀온 사실

울릉도 간첩단 조작 사건

은 이성희가 먼저 말했다. 모진 고문을 받으면서 차라리 사실 그대로 말하고 죽음을 맞아 역사의 평가를 받겠다는 생각이 들었다. 젊은 청년들이 그래도 많이 배운 이성희라는 사람이 북한까지 찾아간 이유는 무엇일까를 생각하게 된다면, 그것만으로도 헛된 죽음은 아니라는 판단이었다. 후일 나의 행동을 따르는 사람들이 있을 거라고 믿었다.[28]

1991년 가석방으로 풀려날 때까지 17년을 감옥에서 지냈다. 감옥에서 여러 사람을 만나고 이야기도 들었다. 1957년에 북한에 다녀왔다가 처벌을 받은 이후 통일운동에 매진해 다시 여러 차례 투옥당한 김낙중도 교도소에 함께 있었다. 서로 인사는 못 했지만 운동장에서 운동하는 모습을 봤다. 경북대 수학 교수를 하다가 남민전 사건으로 형을 산 안재구도 함께 있었다. 안재구는 1979년 10월 체포돼 사형 선고를 받았으나, 세계 수학자들의 연대 서명 덕분에 무기징역으로 감형되었고, 1988년에 가석방되었다. 대전교도소에는 경북대 의대 교수였던 김대수가 있었다. 김대수는 6·25 때 월북했다가 찾아온 동생을 만난 일 때문에 간첩 혐의를 받았다. 감옥은 사회와 격절된 공간이었지만, 통일을 꿈꾼 지식인들에게는 또 하나의 세계였다.

김대수는 수형 생활 중에 의사로서 의무과에서 봉사한 것으로 알려져 있다. 이성희도 수의사로서 의무과 '간병' 일을 맡았다. 전문적인 지식을 살려 의무과장이 할 일을 이성희가 많이 했다. 환자를 제대로 돌보지 않는 의무과장이 있으면 앞장서서 쫓아내기도 했다. 오랜 세월 봉사를 이어간 덕분에 이성희는 '광주교도소의 슈바이처'라고 불렸다. 1991년 출소 후 한참이 지난 2018년에는 '광주교도소의 슈바이처, 닥터 2478'이라는 연극 공연이 무대에 올랐다.

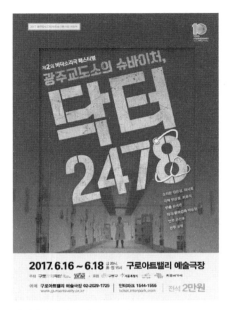

이성희 님을 다룬 연극 포스터

　　오랫동안 교도소에서 재소자들의 건강을 돌보다 보니 여러 안타까
운 상황과 마주쳤다. 이성희는 5·18 광주민주화운동 당시 전남대 총
학생회장이던 박관현이 광주교도소에서 맞은 마지막 날도 뚜렷이 기
억했다. 1982년 10월 어느 일요일 아침이었다. 박관현이 의무과에 왔
는데 얼굴이 백지장처럼 하얬다. 맥박이 90도 안 되고 부정맥이 심했
다. 박관현은 여러 번 단식 투쟁을 거듭한 탓에 몸이 안 좋은 상태였
다. 급히 의무과장을 불렀지만, 링거나 놓아주라고 지시하고 돌아갔
다. 이성희는 계속 박관현의 곁을 지켰다. 상태가 호전되지 않자, 이
성희는 교도관을 통해 다시 의무과장을 불러 박관현을 병원으로 내보
내도록 요구했다. 박관현은 전남대 병원으로 이송되었지만, 하루 만

　　　　　　　　　　　　　　　　　　　　　울릉도 간첩단 조작 사건

에 사망했다. 박관현은 비록 숨을 거뒀지만, 마지막으로 병원에서 치료받을 기회를 얻었다. 광주교도소는 이성희의 판단 덕분에 재소자를 병원에 보내지 않고 사망에 이르게 했다는 비난을 피할 수 있었다.

전북대학교 수의과대학 교수로서 교무처장을 지내고 총장까지 바라보던 이성희였지만, 교도소에서는 의무과 간병 일이 맡겨졌다. 이성희는 자기에게 주어진 일을 소중하게 여겼다. 전문적인 지식을 살려 헌신적으로 봉사하는 모습에서 성실함과 따뜻함이 느껴진다. 이성희는 북한 방문이라는 위험한 선택을 하고 그 탓에 간첩단 사건에 휘말려 중형을 받았지만, 이 모든 것은 그의 성실함과 따뜻함이 냉전과 분단이라는 아픈 현실과 만나 빚어진 비극이었다.

제6장

이좌영과 재일 한국인
정치범 구원 운동

홍종욱

1. 일본에 건너가 사업가로서 성공하다

울릉도 간첩단 사건에서 주모자로 지목된 재일 한인 이좌영에 초점을
맞춰, 그가 중심이 된 재일 한국인 정치범 구원 운동을 살펴보겠다.
먼저, 이좌영의 삶과 실천을 복원하겠다. 이좌영은 해방 직후 일본에
건너가 사업가로 성공하지만, 울릉도 간첩단 사건에 연루된 것을 계
기로 재일 한국인 정치범 구원 운동에 나서게 된다. 둘째, 재일 한국
인 정치범 구원 운동의 전개 과정과 성격을 살피겠다. 한국, 일본, 세
계를 무대로 펼쳐진 구원 운동은 이좌영이라는 걸출한 인물의 활약에
힘입은 바 크다. 끝으로 재일 한국인 정치범 구원 운동을 비롯하여 재
일 한인이 민주화와 통일을 위해 벌인 다양한 실천을 한국 민주화운
동으로서 자리매김하고자 한다.

이좌영은 1928년 9월 전라북도 익산군 삼기면 기산리(현 전라북도

익산시)에서 태어났다.[1] 여섯 형제 가운데 둘째 아들이었다. 형 이지영과 동생 이사영은 후일 울릉도 간첩단 사건에 연루되어 징역을 살았다. 그리고 누이가 셋 있었다. 고향 마을은 산 밑에 자리 잡은 벽촌으로 마을 사람들은 대부분 가난한 소작농이었다고 한다. 이좌영의 집도 무척 어려웠다.[2]

이좌영은 국민학교 6학년 때 일본어 강요에 반발해 수업 거부를 조직하는 등 어려서부터 두각을 나타냈다.[3] 가정 형편이 어려워 중학교 진학을 망설였지만, 주변의 도움으로 당시 전국적인 명문 학교였던 이리농림학교에 진학할 수 있었다. 형과 누이들은 학교 문턱에도 못 가봤다고 하니 집안과 마을에서 이좌영에게 건 기대가 얼마나 컸을지 짐작이 된다.[4] 이리농림학교 2년 선배로 역시 울릉도 간첩단 사건에 연루된 이성희는 이좌영이 가정 형편이 어려워 자전거로 통학했다고 기억했다. 아마도 기차를 타지 못하고 먼 거리를 자전거로 다녔다는 이야기인 듯하다.[5]

해방 후 이좌영은 일본으로 건너갔다. 가족의 증언에 따르면 이리농림학교를 졸업한 뒤 신한공사를 다녔는데 어느 날 회사에도 가족에게도 말하지 않고 종적을 감췄다고 한다. 한참 후에 사진을 동봉한 편지가 와서 그제야 이좌영이 일본으로 간 사실을 알았다고 한다.[6] 신한공사는 식민지 시기 일본이 세운 동양척식주식회사의 승계 기관이다. 1945년 11월 신조선회사라는 이름으로 설립된 뒤 1946년 2월 신한공사로 이름을 바꿨다. 이좌영은 명문 학교를 졸업하고 번듯한 직장을 잡았지만, 더 좋은 기회를 찾아 일본으로 떠난 것이다.

이좌영은 "이리농업학교를 졸업한 후 일단 취직했으나 학문 탐구

울릉도 간첩단 조작 사건

에 대한 마음을 버리지 못해 해방 후 단신 일본에 건너와 메이지대학에 진학"했고, "졸업 후 음식, 무역 등 사업을 전개"했다고 한다.[7] 후일 일본 《마이니치신문 每日新聞》 기사에 이좌영이 1944년 일본에 건너왔다고 소개되었는데, 단순한 착오일 수도 있지만, 1945년 이후 밀항한 것이 아니라 식민지기에 이미 건너온 것으로 설명하려는 의도가 개입되었는지도 모르겠다.[8]

같은 전북 익산 출신으로 역시 울릉도 간첩단 사건에 연루된 홍봉훈의 제1심 판결문에 따르면, 홍봉훈은 1953년 7월 외무부 부산출장소에 근무할 때 '재일교포 보따리 장사' 이좌영을 알게 되어 10여 차례 만났으나, 1955년에 이좌영이 김포공항 밀수 사건에 관련된 이후로는 만나지 않았다고 한다.[9] 이좌영이 한국과 일본을 오가며 돈이 될 만한 일을 벌이던 정황이 엿보인다.

이좌영은 1953년 이후 거의 일 년에 한 번씩은 가족을 찾아왔다고 한다. 동생 이사영은 이좌영이 처음으로 집을 찾은 1953년 추석날 밤을 기억했다. '너는 뭐 하냐'는 질문에 집에서 일한다고 답했더니, 형 이좌영은 어린애를 학교에 보내지 않는다고 아버지에게 호통을 치고 바로 중학교에 갈 수 있도록 돈을 줬다고 한다. 그 후에도 이사영은 이좌영의 도움으로 한양대 공대 야간부에 진학했다. 하숙비, 등록금은 모두 이좌영이 댔다. 대학을 졸업한 뒤에는 이좌영의 알선으로 전주 연초창에 취직까지 할 수 있었다. 이사영에게 열 살 위 형 이좌영은 아버지 같은 존재였다.

이좌영은 동생 이사영뿐만 아니라 형 이지영에게도 논도 사주고 정미소까지 차려주었다. 이좌영은 1964년 8월에 형 이지영 집에서

위에 언급한 홍봉훈을 만났다. 이후로도 수차례 홍봉훈을 만나 은행에서 50만 원 대출을 알선하고, 이지영 아들 취직 비용을 하석순에게 건네달라고 부탁했다. 역시 고향 사람인 하석순은 익산 집에서 이좌영을 만났고, 부산에서 홍봉훈을 만나 이좌영이 보낸 돈을 받았다. 결국 하석순도 울릉도 간첩단 사건에 연루됐다.[10] 이좌영이 고향을 찾으면 동네 사람들이 다 모여 대화를 나눴다고 한다.[11] 마을이 배출한 인재로 일본까지 가서 성공을 거둔 이좌영에 대한 사람들의 기대와 선망이 있었을 것이다.

당시 신문을 검색해보면 뜻하지 않은 곳에서 이좌영의 이름을 마주치게 된다. 1963년에 11세의 나이로 일본 유학을 떠난 바둑 천재 조훈현의 근황을 전하는 기사에서, 조훈현이 도쿄의 '재일교포 이좌영 씨' 집에 머물고 있다는 내용이 나온다.[12] 이좌영은 고국에서 일본을 찾은 이들을 돕는 성공한 교포 사업가로서 자리를 잡은 것이다.

이좌영은 동향 출신을 중심으로 일본에 유학 온 지식인들에게 경제적 도움을 주었다. 이리농림학교 두 해 선배로 전북대 교원이던 이성희는 이좌영의 알선으로 1964년에 도쿄대학 농학부로 유학을 떠났다. 일본 유학 당시 이성희는 이좌영으로부터 매달 3만 엔을 받았다고 밝혔다. 당시 3만 엔이면 신입사원 월급 정도였다.[13] 동국대 교원 이태영은 1963년에 서독 및 오스트리아 유학을 마친 귀국길에 일본에 들러 이좌영을 만나 후원을 받았다. 1965년에 농업연수로 일본에 건너간 최규식은 이좌영의 소개로 도쿄대학 대학원 입학허가서를 받을 수 있었다.[14] 이들은 모두 후일 울릉도 간첩단 사건에 연루되었다.

이좌영은 1966년 한국에 투자해 합병회사를 세웠다. 1968~1969년

울릉도 간첩단 조작 사건

무렵부터 신한섬유라는 니트 공장을 운영했다. 사장은 막내 여동생의 남편이자 니트 기술자였던 최길하에게 맡겼다. 동생 이사영도 회사 일을 도왔다.[15] 이좌영은 1970년에는 최길하를 통해 알게 된 건축업자 김용득에게 사업자금을 빌려주기도 했다.[16] 김용득의 여동생은 울릉도 출신으로 울릉도 간첩단 사건 핵심 인물로 지목된 전영관의 부인이었다. 이좌영과 김용득의 관계가 전북 사람들이 울릉도 간첩단 사건에 연루되는 고리가 되었다.

2. 울릉도 간첩단 사건에서 주모자로 몰리다

1972년에 신한섬유 사장 최길하와 일본과 한국을 오가며 회사 일을 돕던 재일 한인 양동수가 갑자기 중앙정보부에 연행됐다. 양동수는 모진 고문을 받고 풀려나 일본으로 돌아왔다.[17] 이좌영은 무언가 잘못되고 있다고 느꼈다. 이후로는 한국을 방문할 수 없었다. 일본 유학 시절 이좌영의 도움을 받고 이후로도 연락을 주고받으며 지내던 이성희는 1973년 2월 일본을 방문해 3월에 이좌영을 만났다. 귀국 후 이좌영에게 부탁 받은 대로 이사영을 만나 한국 회사와 일본 사이에 돈이 오고 간 서류를 치우라고 전했다.[18]

1974년 3월에 한국 중앙정보부는 울릉도 간첩단 사건을 발표했다. 울릉도와 전북 사람들 47명을 체포해 수사한 결과였다. 이좌영은 '재일 간첩'으로 지목되었다.[19] 중앙정보부에 체포된 전북대 교무처장 이성희가 처음 받은 질문은 이좌영과 가깝게 지내냐는 것이었다. 이성

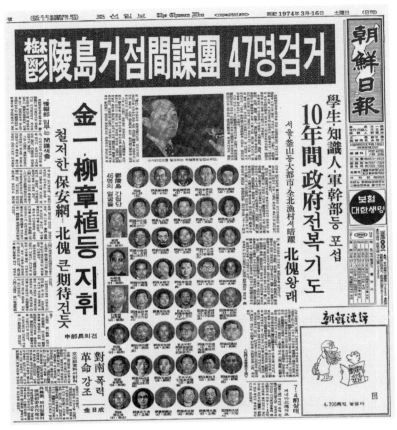

울릉도 간첩단 사건을 전하는 신문(《조선일보》, 1974년 3월 16일)

희의 기억에 따르면 수사관은 이좌영이 이북을 자기 작은 집 다니듯이 하는 최고의 간첩인 것처럼 이야기했다고 한다.[20] 같은 해 7월 제1심 판결문에서는 이좌영을 "8·15 해방 직후 밀항 도일하여 조총련에 가담 활동하다가, 1953년 9월경 그 목적수행을 위하여 재일본 대한민국 거류민단(이하 민단)으로 위장 전향하여 합법을 가장 국내를 내왕하며 국내의 활동거점으로 경제토대를 구축하는 한편, 국내 간첩망

울릉도 간첩단 조작 사건

검열과 연락 임무를 수행하며 지하당 구축을 획책"했다고 규정했다.[21]

일본에 있어서 검거를 면한 이좌영은 1974년 4월 19일에 일본 국회의원 우쓰노미야 도쿠마宇都宮德馬(자민당), 덴 히데오田英夫(사회당) 등의 도움을 얻어 일본 국회 내에서 자신과 가족, 지인의 무죄를 주장하는 기자회견을 열었다. 다음은 기자회견에서 배포한 〈이좌영의 호소문〉의 일부다.[22]

일본에서 메이지대학 졸업 후 20년간을 오로지 가족의 생활을 책임지기 위해 경제활동에만 전념해온 평범한 재일교포 실업가에 지나지 않는다. 1966년 이후 조국의 경제발전과 한일 양 국민의 진정한 우호 협력을 얻어 안정된 합병회사를 발족할 수 있었다. 그런데 중앙정보부는 이 합병회사야 말로 간첩 활동의 거점이었다고, 서울의 회사를 몰수하고 도쿄 무역회사의 합병회사에 대한 모든 권리를 박탈했다. 우리 회사가 간첩 회사였는지 아닌지는 일본의 친구들과 일본인 사원 모두가 너무나 잘 알고 있다. 또한 나와 내 형제, 지인들이 간첩인지 아닌지는 중앙정보부 자신들이 더 잘 알고 있을 것이다. 정보부가 내가 포섭했다고 발표하고 있는 사람들 중 6명에 대해 나는 이름도 모를 뿐 아니라 만난 적도 없는 사람들이다.[23]

2006년부터 진실·화해를위한과거사정리위원회(이하 진화위)는 울릉도 간첩단 사건의 진실규명 작업에 착수했다. 이좌영이 중앙정보부의 발표대로 조선총련에 깊이 관여한 재일 간첩이었는지가 중요한 쟁점이었다. 이좌영 회사 직원이던 양동수는 진화위 조사에 대해 "같이 근무하는 2년 동안 이좌영이 북한이나 조총련 관련 발언을 하는 것을 본 적이 없다"고 진술했다. 또한 이좌영이 조선총련에 위장 가입했다는 주장에 대해서도 재일교포 사회를 잘 모르는 사람들 말이라고 일축했다. 이좌영의 아들 이화수는 진화위의 조사에 대해 이좌영은 조선총련에 가입한 사실이 없고 민단에도 이름만 올려놓았을 뿐인 그저 장사하는 사람에 불과했다고 답했다.[24]

중앙정보부가 이좌영과 조선총련을 엮는 데는 사건 당시 최길하의 진술이 큰 영향을 미쳤다. 최길하는 나고야에 있는 이좌영의 처가를 방문했을 때 김일성 초상화를 보았다고 진술했다. 하지만 이에 대해 이화수는 최길하가 신한섬유 사장으로 있을 때 일본을 방문한 적이 있으나 기간이 보름 정도에 불과해 나고야의 이좌영 처가를 방문한 일이 없으며, 또한 최길하의 진술처럼 이좌영의 처가에 북한 사상에 심취한 사람은 없다고 반박했다.[25] 이사영은 최길하가 이좌영의 회사를 자기 것으로 하려고 중앙정보부 수사관 차철권과 손잡고 울릉도 간첩단 사건을 꾸며낸 것이 아닌가 의심했다.[26] 울릉도 간첩단 사건을 날조한 장본인인 당시 중앙정보부 수사관 차철권도 정작 이좌영에 대해서는 조사하지 못했기 때문에 대공 혐의점을 밝혀내지 못했다고 인정했다.[27] 이좌영은 주변 정황만으로 거물 재일 간첩으로 규정된 셈이다. 다만 진화위는 이좌영의 사망 등으로 추가 조사가 어려운 상태임을 감안해 최종적인 판단은 유보했다.[28]

울릉도 사람들 가운데 몇몇이 북에서 내려온 가족을 따라 북한을 방문한 것은 사실이다. 전북 사람들 가운데 몇몇도 일본 유학 중에 조선총련 공작원의 권유를 받아 북한을 방문했다. 그러나 그들이 이후 간첩활동을 벌인 분명한 행적은 찾아보기 어렵다. 이좌영은 북한의 위협을 과장하려는 중앙정보부의 손에 의해 울릉도와 전북 사람들을 잇는 거대한 간첩단의 가상의 주모자로 만들어진 것이다.

고문과 강요 끝에 받아낸 자백을 토대로 구성되었을 판결문을 보더라도 이좌영이 과연 거물 간첩인지는 의심스럽다. 전북대 교원 이성희는 일본 유학 중에 북녘 땅에 대한 호기심에 더해 조선총련 공작원의 권유를 받아 북한을 며칠 다녀온 적이 있다. 후일 1971년에 일본을 방문했을 때 이좌영을 만나 입북 사실 그리고 공작원과의 관계에 대해 털어놓으니 "그러한 무책임한 사람하고는 만날 필요 없으니 연락조차 하지 말라"는 조언을 받았다고 한다.[29]

이좌영과 울릉도 사람을 잇는 고리인 김용득 역시 이좌영과는 아무 관계 없이 처가 쪽 사람과 함께 북한을 다녀온 적이 있다. 그때 외금강 관광초대소 노트에 적어놓은 시구를 후일 만난 이좌영이 외우고 있었다는 김용득의 진술이 사건 전체를 통틀어 이좌영이 북한을 왕래하는 간첩이라는 거의 유일한 증거였다.[30] 그러나 이것도 김용득의 자백일 뿐 아무런 증거도 없는 이야기다. 김용득은 이 사건으로 사형을 당했으므로 자백의 진실 여부를 따질 수도 없게 되었다.

3. 재일 한국인 정치범 문제를 일본 사회에 '고발'하다

울릉도 간첩단 사건은 평화로운 시대에 갑자기 벌어진 일은 아니었다. 1971년 4월 모국 유학을 온 재일 한인 서승徐勝, 서준식徐俊植 형제가 간첩으로 몰려 체포되었다. 이른바 '유학생 형제 간첩단 사건'이다.

1972년 10월에 박정희의 영구집권을 위한 유신체제가 선포되었다. 1973년 8월에는 중앙정보부 요원이 민주화를 요구하며 박정희를 비판하던 정치인 김대중을 그가 체류하고 있던 일본의 호텔 방에서 납치하는 전대미문의 사건이 발생했다.

이러한 가운데 1974년 3월에 울릉도 간첩단 사건이 일어났다. 북한의 위협을 과장함으로써 민주화 요구를 틀어막으려는 정권 측의 의도가 배경에 있었음을 쉽게 짐작할 수 있다. 이게 끝이 아니었다. 1974년 4월에는 민청학련 사건으로 1000명 이상이 체포되어 조사를 받고 그 가운데 180명이 기소되었다. 더욱이 민청학련의 배후로 지목되어 사형을 선고받은 인민혁명당 재건위 관계자 8명에게 1975년 4월 대법원에서 상고가 기각된 지 불과 8시간 만에 형이 집행되는 충격적인 사건이 일어났다. 울릉도 간첩단 사건은 유신이라는 광기 어린 시대에 벌어진 일련의 비극적 사건 가운데 하나였다.

일본에서는 자기 나라에서 벌어진 김대중 납치 사건이 크게 문제가 되었다. 일본 정부는 중대한 주권 침해라고 항의했고, 진보적 국회의원들과 와다 하루키和田春樹 등 뜻있는 지식인들은 한국의 민주화를 촉구하며 '일한연대 운동'을 벌였다. 아울러 '재일 한국인 정치범' 석방을 요구하는 운동도 일어났다. 일본인 목사 요시마쓰 시게루吉松繁는 1971년에 도쿄에서 열린 '서승·서준식 형제를 구하는 모임'에 처음 참가한 이래 수십 년간 재일 한국인 정치범 구원 운동 일선에서 활약하게 된다. 요시마쓰는 '재일 한국인 정치범 구원 운동에 결정적 전기'가 된 사건과 인물로 울릉도 간첩단 사건과 이좌영을 들었다.[31]

울릉도 간첩단 사건의 주모자로 지목된 이좌영은 위에 언급한 기자회견 자리에서 박정희 정권을 정면에서 규탄하고 자신의 육친만을 구제하는 게 아니라 모든 양심수, 재일 한국인 정치범 석방을 위해 싸우겠다고 분명히 말했다. 이좌영은 사건 이듬해인 1975년 《마이니치신문》에 실린 글에서 자신의 결의를 밝혔다. 형이 징역 5년, 동생이 15년 판결을 받자, 한국에서 중요 인물이라는 사람이 와서 "돈을 내면 형刑을 가볍게 해주겠다든지, 너무 떠벌리면 형이 무거워진다든지" 회유와 협박을 가해 왔다고 한다. 이좌영 자신도 처음에는 떠벌리지 않는 게 좋지 않을까 고민했지만, 권력자에게 머리를 숙여 형을 조금 가볍게 받는 건 의미가 없으며 중요한 것은 한국에 민주주의를 만들어내는 것이라고 생각하게 되었다고 한다.[32]

이좌영은 지쳐 있지만 말고 정치범 석방을 실현하기 위해 함께 싸우자, 민주화운동의 일환으로 정치범 구원 운동을 벌이자고 일본 전국을 돌며 정치범 가족을 설득했다.[33] 이좌영은 그때까지 친구, 지인을 중심으로 출신 지역에 한정되었던 운동을 넘어 더 광범한 일본인을 대상으로 정치적인 투쟁을 포함하여 대담한 행동을 전개했다. 사회당 의원 덴 히데오, 학자 와다 하루키 등 일한연대 운동의 중심인물을 정력적으로 만나고, 스스로 '울릉도 사건 피탄압자 석방을 요구하는 모임'을 결성했다. 아울러 한국 정부에 의해 '반국가단체'로 지목된 탓에 정치범 탄압의 구실을 제공할까 봐 도리어 구원 운동 참여를 주저하던 재일 한국인 민주세력, 즉 '한국 민주회복 통일촉진 국민회의'(한민통), '재일 한국 청년동맹'(한청) 등과도 적극적으로 연대해 공동투쟁을 벌였다.[34]

1975년 3월에는 재일 한국인 정치범 최철교崔哲教의 부인 손순이

孫順伊가 남편의 사형 저지를 호소하는 단식투쟁을 벌여 일본 사회의 관심을 불러일으켰다. 최철교는 가족을 만나러 한국을 방문했다가 1974년 4월 보안사에 연행되어 북한의 사주를 받은 간첩이라는 누명을 쓰고 사형 선고를 받은 상태였다. 요시마쓰 목사도 '최철교 씨를 구하는 모임' 결성에 참가했다. 1975년 5월 이좌영은 최철교의 부인 손순이와 숙모 한말례 등과 '재일 한국인 정치범 가족 협의회'를 결성하고 회장을 맡았다.[35]

요시마쓰 목사는 이좌영에 의해 재일 한국인 정치범 구원 운동의 성격이 '탄원'에서 '고발'로 전환되었다고 보았다.[36] 이러한 정황을 상징하는 것이 다큐멘터리 영화 〈고발: 재일 한국인 정치범 리포트〉다. 〈고발〉은 박정희 정권하에서 희생된 재일 한인 정치범과 가족을 그린 기록영화다. 감독은 일본군 전범 사형수를 다룬 드라마 〈나는 조개가 되고 싶다〉(1958)로 유명한 오카모토 아이히코岡本愛彥가 맡았다. 한민통이 제작하고 도쿄변호사회가 협력했으며, 이좌영과 '재일 한국인 정치범 가족 협의회'가 상영 운동을 벌였다.[37] 1975년 11월에 제1회 상영을 시작으로 2년여 동안 전국 200곳을 돌며 5만 5천 명 이상 관객을 동원했다.[38]

〈고발〉상영이 시작된 일주일 후인 1975년 11월 22일 한국 중앙정보부는 재일 한인 모국 유학생이 중심이 된 '학원 침투 간첩단 사건'을 발표했다. 이 가운데 3명에게 사형 판결이 내려졌다. 한동안 따로따로 활동하던 11·22 사건 피해자 가족은 엠네스티 인터내셔널 사무국장의 방일을 계기로 1976년 6월 6일에 오사카 부락해방 센터에서 처음으로 한자리에 모였다. 이날 간담회를 가진 후 '11·22 부당 구속자 가족 모임'을 결성했다.

〈고발〉상영 운동은 개별적으로 활동하던 전국 각지의 구원회를 묶어내는 데 큰 역할을 했다. 1976년 6월에는 '재일 한국인 "정치범"을 지원하는 모임 전국회의'가 결성되었다. 대표는 메이지대학 교수 미야자키 시게키宮崎繁樹, 사무국장은 요시마쓰 목사가 맡았다. 이좌영은 1977년 6월에 '재일 한국인 정치범을 구원하는 가족·교포 모임'을 결성하고 회장을 맡았다. 사무국장은 1975년 11·22 사건에 여러 명의 지인과 친구가 체포된 것을 계기로 운동에 뛰어든 재일 한인 김태명金泰明이 맡았다.[39]

이좌영의 시대 인식은 그가 남긴 글에 잘 드러나 있다. 이좌영은 1976년 일본 잡지에 투고한 〈재일 한국인 간첩 날조의 배경〉이라는 글을 통해 박정희 독재를 강하게 비판했다.[40] 그는 박정희가 "민중과 민족에 대해 범한 죄를 합리화"하기 위해 간첩을 날조해 "북과 공산주의자에게 책임을 전가"한다고 비판했다. 또한 "소위 '간첩단 사건'이라는 것의 발표 대부분이 3월에서 6월에 집중"되어 있는데 이는 봄학기에 벌어지는 학생운동 그리고 춘궁기를 맞은 농민의 분노를 잠재우기 위한 것이라는 흥미로운 지적도 했다. 이좌영은 "유구한 역사를 쌓아오는 가운데 우리 민족은 일찍이 아직 단 한 번도 이러한 무리를 허용한 적이 없었다"며 한국 민중에 대한 신뢰를 잃지 않았다. 그리고 재일 한국인 정치범의 석방은 "조국에 자유와 민주주의가 실현되어야 비로소 가능"할 것이라고 전망했다.

4. 한국과 일본, 세계를 무대로 재일 한국인 정치범 구원 운동을 벌이다

1977년에 결성된 '재일 한국인 정치범을 구원하는 가족·교포 모임'
(이하 가족·교포 모임)과 회장 이좌영의 활동을 살펴보자. 가족·교포 모
임의 주요한 활동으로는 다음 세 가지를 들 수 있다.

첫째, 재일 한국인 정치범 지원 활동이다. 가족·교포 모임이 벌이
는 활동의 원점이라고 할 수 있다. 정치범 본인의 재판 투쟁 지원, 차
입·면회를 위한 한국 방문, 청와대·법무부 혹은 각 교도소 당국과의
직접 교섭, 그리고 야당 정치인이나 한국 내 인권기관에 대한 요청 등
다양한 활동을 벌였다.

1985년 4월 한국의 야권 세력 즉 신한민주당(신민당), 민주화추진
협의회(민추협, 김대중·김영삼 공동의장), 민주통일민중운동연합(민통련)
은 재일 한국인을 비롯해 '간첩죄'를 포함한 117명의 정치범 리스트
를 공표하고 석방을 요구하는 성명문을 발표했다.[41] 한국 민주화운동
사상 '간첩죄' 정치범을 '양심수'로 규정하고 정부에 석방을 요구한
것은 처음이었다. 같은 해 12월 12일에는 전두환 정권에 의해 탄압을
받은 여러 정치범 가족과 민주화운동 세력이 '민주화실천가족운동협
의회'(민가협)를 결성했다. 재일 한국인 정치범 가족 대표로서 조만조
趙萬朝가 전태일의 어머니 이소선李小仙 등과 함께 민가협 공동의장을
맡았다. 조만조는 11·22 사건으로 사형을 선고받은 이철李哲의 장모
였다.[42]

재일 한국인 정치범 구원 운동은 민가협 등을 매개로 한국 민주화
운동에 깊숙이 관여했다. 민가협의 활동이 그랬듯이 가족·교포 모임

의 활동은 한국 민주화운동의 일각을 이뤘다. 1990년 5월 노태우 대통령의 방일을 앞두고 가족·교포 모임은 '재일한국인 "정치범"을 지원하는 모임 전국회의'(대표 요시마쓰 시게루)와 함께 한국 대사관 앞에서 정치범 석방을 요구하는 데모를 벌이기도 했다.[43]

둘째, 일본 정부와 정치인을 대상으로 한 활동이다. 먼저 일본 외무성이나 법무성을 상대로 한국 정부에 압력을 가하도록 요구하는 활동을 벌였다. 1987년 6월 민주화운동 직후인 7월에 전두환 대통령이 정치범 2000명을 석방하겠다는 특별 담화를 발표했다. 이에 이좌영은 일본 외무성 심의관을 만나 석방자에 재일 한국인 정치범 44명이 포함될 수 있도록 한국 정부에 요구해달라고 요청했다.[44] 1990년 2월 8일에 이좌영은 외무성을 방문해, 30명의 재일 한국인 정치범 즉시 석방을 요구하는 6만 명의 서명이 담긴 한국 정부에 대한 요망서를 건넸다.[45]

일본 국회의원을 움직여 재일 한국인 정치범 문제에 대해 국회 질문을 벌이기도 했다. 일본 내 여론을 환기하고 일본 정부를 움직여 한국 정부에 압력을 가하려는 노력이었다. 1980년 11월 26일에는 사회당 의원을 중심으로 '재일 한국인 정치범을 지원하는 국회의원 간담회'가 결성되어 좀 더 조직적으로 일본 정부에 대한 교섭과 국회 질문을 할 수 있었다.[46] 일본 사회당은 재일 한국인 정치범 구원 운동에 협조적이었다. 1989년에는 다수의 사회당 의원이 서명한 재일 한국인 정치범 29명의 석방을 요구하는 성명서가 발표되기도 했다.[47] 이좌영은 자민당과 함께 국정을 양분하던 사회당 당수를 종종 만나 협조를 요청할 수 있는 위치에 있었다.[48]

가족·교포 모임 집회(1977).[49] 플래카드에는 "일본 정부는 KCIA에 가담한 책임을 지고 즉각 인권 구제를 행하라!"고 적혀 있다.

셋째, 유엔을 주요한 무대로 한 국제 인권운동이다. 1980년 1월에 '재일 한국인 정치범 가족 대표 유엔 파견단'(단장 이좌영)이 유엔을 방문했다. 이좌영을 포함한 가족 7명과 요시마쓰 목사를 합쳐 모두 8명이었다.[50] 당시 유엔 등 방문을 위해 600여만 엔의 성금을 모았는데, 이좌영이 많은 경제적 부담을 졌다고 요시마쓰 목사는 회고했다.[51] 파견단은 유엔 뉴욕 본부와 제네바 본부, 엠네스티 인터내셔널 국제사무국 등 유엔 비정부 기구를 방문하여 육친의 인권 구제를 호소했다. 1985년까지 총 열한 번에 걸쳐 유엔 파견 활동을 벌였다. 1980년 여름 제네바에서 열린 유엔 인권 소위에서는 재일 한인 유학생이던 고순자高順子가 한국에서 자신이 받은 고문을 직접 고발하기도 했다.[52]

1989년 11월에 로마에 본부를 둔 비정부 기구 '민족의 권리와 해방

울릉도 간첩단 조작 사건

을 위한 국제동맹' 일본 지부가 결성됐다. 동 기구는 1974년에 베트남 반전운동에 참가한 사람이 중심이 되어 결성되었는데, 유엔 인권위원회 등에 자문하는 자격을 가진 조직이었다. 일본 지부는 일본 국내의 소수민족 문제, 아시아 각국의 인권탄압 문제, 정치범 구원 등을 과제로 내걸었다. 가족·교포 모임 회장 이좌영은 '원수폭 금지 일본 국민회의' 대표 마에노 료前野良, 참의원 의원 시미즈 스미코清水澄子, 다케무라 야스코竹村泰子와 더불어 공동대표에 추대됐다.[53] 이좌영이 일본의 진보적 시민운동을 지도하는 입장에 올랐음을 알 수 있다. 이좌영은 1991년 9월에 유엔 인권위원회 차별방지 소위원회에서 한국 정치범의 인권 보호를 호소하는 발언을 하기도 했다.[54]

가족·교포 모임 사무국장인 김태명도 이미 1981년에 재일 한국인 정치범 구원 운동의 과제로서 비슷한 세 가지를 들었다. 첫째, 옥중 정치범에 대한 직접적, 간접적인 지원이다. 둘째, 일본에서 대중운동을 일으켜 전두환 정권을 지지하는 일본 정부의 대한對韓 정책을 변경시키는 것이다. 김태명은 1967년 동백림 사건 당시 서독 국내의 국민적 대중 운동을 접한 외상 브란트가 "납치한 한국인 유학생을 현장 복귀하지 않으면 대한對韓 원조를 중지하겠다"고 밝힌 것과 대조적으로, 1975년 4월 한국 정부가 인혁당 피고 8명을 사형에 처할 무렵 일본 정부는 한국 정부에 140억 엔의 차관을 제공한 사실을 거론했다. 셋째는 국제여론 환기다. 1980년 한 해만 다섯 차례 유엔을 비롯한 국제적 인권 옹호 기관을 찾아가 서명을 전달하거나 다양한 호소 활동을 벌였다. 김대중 씨 재판이 한창이던 1980년 8월에도 세 사람의 대표가 제네바 유엔 인권위원회에 참가했다. 거기서 다뤄지는 문제

대부분이 한국 문제였다.[55]

그 밖에도 가족·교포 모임은 '재일한국인 "정치범"을 지원하는 모임 전국회의'와 더불어 일상적으로 재일 한국인 정치범 구원 운동을 벌였다. 집회, 시위, 전단 배포 등의 항의·선전이나 서명 활동, 정치범과 가족의 고뇌·투쟁을 그린 연극·영화의 상연·상영 등이었다. 선전을 위해 회보, 팸플릿을 발행하고 레코드와 슬라이드도 만들었다.[56] 가족·교포 모임은 한국 민주화운동 과정에서 탄압을 받아 사망하거나 스스로 목숨을 끊은 젊은이 11명의 수기와 유고를 모아 《아, 민주여! 통일이여!: 한국 민주화 투쟁의 묘표墓標》를 발간하기도 했다.[57] 가족·교포 모임은 이 책에서 민주화와 통일을 위해 끈질기게 투쟁하는 한국 민중의 모습을 전하고자 했다.

1982년 5월 17일자 《마이니치신문》에 〈고요한 아침은 아직 오지 않는다〉라는 제목으로 전면 의견 광고를 내기도 했다. 한국을 가리키는 '고요한 아침의 나라'라는 말에 빗대어 한국의 인권탄압을 고발하는 내용이었다. 본문은 참의원 의원 우쓰노미야 도쿠마, 정치평론가 마쓰오카 히데오松岡英夫, 그리고 이좌영 세 사람의 좌담회였다. 광주 민주화운동 당시 사진을 싣고 소제목으로 "나라를 사랑하는 게 무슨 죄? 남편을 자식을 돌려달라"라는 구절도 넣었다. 왼편에는 한글로 '한국에 인권을, 한반도에 군축과 평화를!'이라고 적은 것이 눈에 띈다. 이좌영은 "정치범의 석방이야말로 민주주의의 증거가 아닐까"라고 발언했다. 재일 한국인 정치범 석방을 한국 민주화의 척도로 본 것이다.

1980년대 재일 한국인 정치범 석방과 한국 민주화를 요구하는 이

울릉도 간첩단 조작 사건

《마이니치신문》(1982년 5월 17일) 의견 광고

좌영의 활동을 당시 한국 정부가 좋게 봤을 리가 없다. 당시 《지지時事
통신》 기자였던 나가누마 세쓰오長沼節夫의 회고에 따르면, 이좌영은
1984~1985년 무렵 뉴욕에서 갑자기 유치장에 억류당한다. 한민통
을 통해 이 소식을 전해 들은 나가누마가 연락을 취한 결과, 한국 정
부로부터 신병 구속 요청이 있었다는 사실이 확인되었다. 뜻있는 일
본 기자들이 매일같이 미국 유치장으로 전화를 걸어 안부를 묻고,
《교도共同통신》이나 《지지통신》을 통해 '이좌영 씨, 미국에서 수감' 등
의 기사를 내보낸 끝에, 이좌영은 일주일 뒤에 풀려나 무사히 일본에
돌아올 수 있었다.[58] 이좌영으로서는 혹시라도 한국으로 강제 송환되
었다면 중형을 피하기 어려웠을 아찔한 순간이었다.

5. 재일 한국인 정치범 구원 운동은 아직도 냉전에 갇혀 있다

'재일 한국인 정치범을 구원하는 가족·교포 모임'은 1993년에 해산
하고 '한국 인권 기금 국제센터'로 재편되었다.[59] 1993년 문민정부인
김영삼 정부가 들어서는 등 한국의 민주화가 진전된 영향이 컸다고
판단된다. 1975년 4월 인혁당 관계자 8명이 사형이 처해지는 등 급박
한 상황에서, 1977년 가족·교포 모임이 결성되었다. 그리고 가족·교
포 모임의 활동에 힘입어 6명의 사형수를 포함해 수많은 재일 한국인
정치범이 무사히 일본으로 돌아올 수 있었다. 이좌영은 물심양면에
걸친 헌신으로 가족·교포 모임을 이끌었다. 요시마쓰 목사는 이좌영
의 인간적인 매력에 이끌려 재일 한국인 정치범 구원 운동에 투신하

게 되었다고 밝히고, 옥중 정치범과 이를 지원하는 가족 모두가 비전향 투쟁을 관철함으로써 한국의 민주화와 조국통일에 공헌하자는 것이 이좌영의 신념이었다고 기억했다.[60]

재일 한국인 정치범 구원 운동은 일단락되었지만, 한반도의 냉전은 끝나지 않았다. 한국 정부는 가족·교포 모임 회장에서 물러난 뒤에도 한국의 인권·민주화·통일 문제에 관심을 버리지 않는 이좌영과 그 주변에 계속 공안 탄압을 가했다. 1993년에는 김삼석, 김은주 남매가 일본을 방문해 이좌영을 만나 공작금을 받은 뒤 한국에서 간첩 활동을 벌였다는 혐의로 체포되었다.[61] 1994년에는 이사영의 아들 이화춘이 간첩 혐의로 재판을 받았다. 이화춘은 사노맹 사건으로 체포되었는데, 1990년에 일본을 방문해 숙부인 이좌영을 만나 공작금을 받은 혐의가 추가되었다.[62]

이좌영은 2008년 1월 8일 장기 부전으로 사망했다. 향년 81세였다.[63] 그해 3월 29일에 한통련 김정부金政夫 의장과 요시마쓰 목사가 중심이 되어 '이좌영 선생님을 추모하는 모임'이 열렸다. 모임에서는 묵도, 진혼 피아노 연주에 이어 요시마쓰 목사가 인사를 했다. 이어 한통련 상임고문 곽동의郭東儀, 전 민주당 중의원 의원 사사키 히데노리佐々木秀典 변호사, 그리고 재일 한국인 정치범이었던 최철교 등이 추모사를 했다. '한국 양심수를 지원하는 모임 전국회의' 와타나베 가즈오渡辺一夫 대표가 헌배한 후, 영상자료 등을 통해 이좌영의 발자취와 공적을 뒤돌아보았다. 끝으로 유족을 대표하여 이좌영의 아들 이화수가 감사의 말을 하고, 김정부 의장이 인사를 한 후 모임을 마쳤다.[64]

이 모임에서 전 한통련 부의장 곽수호郭秀鎬는 "한국에서는 민주화

'이좌영 선생님을 추모하는 모임'에서 발언하는 곽동의 한통련 상임고문[65]

가 진전됨에 따라 70~80년대 치안 사건이 차차 무죄가 밝혀지고 피해자의 명예가 회복되었다. 그러나 재일 한국인의 명예회복은 아직 거의 이루어지지 않았다. 노무현 정권은 과거사 다시보기를 더욱 진전시켰지만, 재일 한인은 여기서도 배제되었다"고 발언했다.[66] 1998년에 김대중 정부가 수립되자 요시마쓰 목사는 김대중 대통령 취임식 참가를 위해 24년 만에 한국을 방문했다. 하지만 여전히 한국 땅을 밟을 수 없었던 이좌영은 요시마쓰 목사 편에 고향의 친지들에게 안부를 전하는 게 고작이었다.[67]

울릉도 간첩단 사건으로 17년을 감옥에서 보낸 이성희는 2014년 재심을 통해 간첩이라는 낙인을 벗을 수 있었다. 2015년 이어진 재심에서 울릉도 간첩단의 다른 이들도 무죄 판결을 받거나 적어도 간첩

울릉도 간첩단 조작 사건

이라는 오명을 벗었다. 그러나 한국 법원은 이좌영에 대해서는 '조총
련의 공작원'이라는 판단을 바꾸지 않았다. 2016년에는 김삼석, 김은
주 '남매 간첩단' 사건 재심이 이루어졌다. 1993년 당시 안기부의 불
법 구금 사실 등이 인정되었지만, 역시 울릉도 간첩단 재일 총책인 이
좌영을 만난 부분 등에 대해서는 유죄 판단이 내려졌다. 이좌영이 사
망한 지 한참 지난 뒤였지만, 한국 정부에게 이좌영은 여전히 간첩이
었다.[68]

6. 조국을 사랑한 죄, 재일 한국인 정치범

재일 한국인 정치범의 시초로는 1961년 사형을 당한 《민족일보》 사
장 조용수를 꼽는다. 4·19혁명 이후 한국에 돌아와 《민족일보》를 창
간하고 중립화 통일론을 주장한 조용수는 조선총련에서 자금을 받았
다는 혐의로 5·16쿠데타 직후 체포되어 12월에 처형되었다.[69]

　재일 한국인 정치범 문제가 본격화하는 계기는 1971년 4월 불거
진 서승, 서준식 형제 사건이었다. 이후 1970년대에 걸쳐 모두 24건
의 사건에서 60여 명의 재일 한국인 정치범이 탄생했다. 1975년 4월
16일에는 '사회안전법'이 제정되었다. 1978년 5월에 7년의 징역형을
마친 서준식은 '보안감호처분'을 받아 다시 체포되었다. 1981년 2월
에 5년의 징역형을 마친 교토 출신 강종건姜鐘健도 다시 청주보호감호
소에 수감되었다. 1986년 당시 가족·교포 모임이 파악한 한국의 정
치범은 약 1600명으로 그 가운데 재일 한국인 정치범은 44명이었다.

17명은 박정희 정부 아래서, 27명은 1980년대 전두환 정부 아래서 체포된 이들이었다.[70]

적지 않은 재일 한국인이 간첩으로 몰리게 된 원인을 생각해보자. 가족·교포 모임 사무국장 김태명은 '고문에 의한 날조'와 더불어 한국과 일본의 '상이한 국정國情'을 들었다. 1970~1980년대 반공을 국시로 삼은 한국과 달리 일본에는 공산당도 있고 공산주의를 공공연하게 내건 단체, 문헌도 넘쳐났다. 재일 한인은 자연스레 공산주의 단체나 개인과 접촉할 기회가 많았고, 대학 수업에서도 한국이라면 금지된 사회과학, 마르크스주의를 접할 수 있었다. 더욱이 재일 한인 사회에는 조선민주주의인민공화국을 정부로서 받드는 조선총련이 버젓이 존재했다. 친척이나 지인 가운데 조선총련 지지자가 당연히 여럿 있고, 이들과 어울려 살아갈 수밖에 없는 상황이다. 따라서 재일 한국인 정치범은 백지상태에서 날조된다기보다 한국과 다른 일본의 상황을 이용해 탄압을 받은 경우가 많았다.[71]

권력 측의 흉계와 더불어 한국 민주화운동 세력의 의도도 작동했다. 한국 정부는 민주주의 회복을 요구하는 운동 배후에 간첩이 숨어 있다고 선전함으로써 인권 회복을 요구하는 노동자, 학생, 종교인 등의 투쟁을 공산주의 운동으로 날조해 탄압하고자 했다. 이때 일본에서 일상적으로 공산주의 관련 인물이나 문헌을 접할 수밖에 없었던 재일 한국인은 간첩으로 몰기에 적당한 대상이었다. 한편 한국의 민주화운동 세력 역시 같은 이유로 재일 한국인에게 먼저 접근하는 경우가 많았다. 즉 '정보 쇄국' 상태인 한국에서는 국제 정세나 사회과학 지식을 얻기가 어려웠다. 일본에서 온 특히 대학을 졸업한 재일 한국인은 여러 정보와 지식을 지니고 있었다. 따라서 한국에서 민주화 운동을 하는 이들은 지식수준이 높고 조국에 대한 애정이 있는 재일 한국인에게 먼저 접근해서 필요한 지식과 정보를 얻고자 했다.[72]

　아울러 조국 민주화에 기여하려는 재일 한국인 자신의 의지도 놓쳐서는 안 된다. '11·22 재일 한국인 유학생 부당체포자를 구원하는 모임' 사무국장인 구와하라 시게오桑原重夫 목사는, 11·22 사건으로 체포된 모국 유학생들이 한국에 건너간 목적이 그저 일반적인 '면학'만은 아니었다고 분석했다. 재일 한국인 청년들은 박정희 정권을 지탱하는 '일한 유착' 구조를 비판하고, 자신의 민족성 확립을 통한 '일한연대'를 위해 한국을 찾은 것이다.[73] 1974년 4월 보안사에 연행되어 간첩이라는 누명을 쓰고 사형 선고를 받은 최철교는, "한국의 민주주의 회복과 조국의 평화통일을 위해 부끄럽지 않은 희생이 된다면 기꺼이 단두대에 오르겠다"[74]고 유언 같은 편지를 남긴 바 있다.

　1976년 재일한국청년동맹(한청)은 서승이 제시한 '적극적 민족주의'라는 개념을 바탕으로 '건국·귀국' 사상을 주창했다.[75] 일본에서 재일 한인 차별에 저항하는 것을 넘어 한국의 민주화와 조국 통일에 기여하려는 사상이었다. '건국·귀국'은 "자신의 손으로 건강한 조국을 세우고, 그 나라에 영원히 귀의한다"는 뜻이었다.[76] 적극적으로 조국을 찾아 영향력을 미치려는 태도가 엿보인다. 재일 한국인 정치범에 대해 아무것도 모르는 순진한 사람들이 정부에 의해 간첩으로 날조되었다고 해석하는 데 그치면 재일 한국인의 조국과 민족에 대한 관심, 그리고 그들의 주체적 의지를 무시하는 결과를 낳게 된다.[77]

　재일 한인의 조국 민주화와 통일운동에 대한 참여, 그리고 재일 한국인 정치범 구원 운동은 한국 민주화운동의 일환으로서 정당한 평가를 받아야 한다. 자료를 수집하고 역사를 기록하는 것은 물론, 세월이 더 흐르기 전에 관계자들의 명예회복을 서둘러야 할 것이다. 이것은 한국 민주화운동의 역사, 나아가 한국 근현대 역사상을 더욱 풍부하게 하는 길이다.

부록

재일 한국인 간첩 날조의 배경

이좌영

　한국 말 중에 '독종'이라는 말이 있다. 언뜻 보아 어떤 종류의 식물 이름을 가리키는 말처럼 보이지만, 실은 어떤 종류의 사람을 가리켜 사용되는 말로서 그것도 태어나면서부터 온갖 악성을 다 갖춘 인간에 대해 사용되는 말이다. 즉 인간 사회에 해악은 끼쳐도 이익은 되지 않는 인간을 나타내는 말이기 때문에 한국 사람끼리도 웬만해서는 이 말은 쓰지 않는다. 그런데 이 '독종' 같은 인물이 우리 조국에서 그것도 대통령이라는 지위에 계속 머무르면서 삼천오백만 한국 민중을 빈곤과 불행, 예속과 절망으로 끌고 들어가기 위해 온갖 악랄한 수단을 휘두른 지 벌써 15년 세월이 흘렀다.

　박정희 일당이 군사쿠데타로 정권을 탈취한 지 15년이 되지만, 그

---

* 이 글은 이좌영의 다음 글을 홍종욱이 번역한 것이다. 李佐永, 〈在日韓国人・スパイデッチ上げの 背景〉,《新日本文学》31-3, 1976. 3, 37~40쪽.

부록: 재일 한국인 간첩 날조의 배경   155

가 '독종' 짓을 발휘하기 시작한 것은 물론 훨씬 이전으로 거슬러 올라간다. 민족이 일제 식민지하에서 도탄의 고통에 허덕일 때 자신의 입신출세를 위해 스스로 종주국의 충복으로 나선 것을 생각해보면 하나도 새로울 것이 없기는 한데, 이것만으로도 그는 엄청난 민족의 반역자로 단죄되어 마땅했다. 일제가 붕괴하고 나서는 태도를 바꿔 애국자 대열에 숨어들어 새로운 주인에게 충성을 맹세하는 증거로서 자신의 동료를 비롯해 끝내는 피를 나눈 친형까지 팔아버림으로써 연명해오더니 이제 대통령의 지위에 올라 15년 동안 민족에 대해 공공연하게 도전하고 있는 것은 악당도 하지 못할 뻔뻔함이다.

박정희 일당은 미국의 후원을 받아 군사쿠데타를 성공시켜 정권을 잡고 나서 폭압기구의 강화, 국민에 대한 철저한 수탈 그리고 개인 독재체제 영구화의 수립에 전념했다. 그를 위해 중요한 무기로서 악명 높은 중앙정보부KCIA가 만들어졌다. KCIA가 수행해야 할 임무는 말할 것도 없이 공산주의자를 철저하게 적발하고 말살함으로써 한층 더 반공체제 강화를 꾀하는 것이다. 그러려면 국내 민주 세력의 감시, 압살에 온갖 수단을 써서 이들 세력을 와해하고 굴복시킴으로써 조국통일을 지향하는 모든 세력을 완전히 분해, 일소해야 한다. 다른 한편 KCIA는 거미줄 같은 정보망을 깔아놓고 국내외 정보를 수집 분석, 이를 이용해 국제적인 고립을 피함과 동시에 국내 치안을 확보함으로써 박정희 개인 독재체제 강화 도모를 목적으로 하는 모략 폭압 기구이다. 이를 위해 KCIA는 무엇보다도 먼저 박정희 개인 직속의 비밀 기관이자 가장 강력하고 집중된 권력기관이어야 했다. 이렇게 KCIA는 절대 권한을 가진, 모든 것에 우선하는 '왕'으로서 민중 위에 군림

울릉도 간첩단 조작 사건

하게 된 것이다. 이처럼 뭐든지 할 수 있는 만능자를 무기로 삼음으로써 박 파쇼 개인 독재체제가 완성되었다고 할 수 있다. 한국 민중은 가늠하기 어려울 정도로 무서운 폭압기구를 지닌 저주할 만한 폭군을 받들게 된 셈이다.

이러한 폭군이기에 박정희 일당에게 한국 민중은 어차피 통치할 대상일 뿐이어서, 말하자면 일벌로서만 존재하면 되지 그 이상의 것이 되어서는 안 된다. 따라서 그들은 민중의 생활이나 행복 등을 꿈에도 생각할 리가 없고, 그저 오로지 정권을 유지함으로써 자신의 배만 살찌우면 된다. 하물며 이러한 무리는 민족의 장래를 위해서 얼마나 조국 통일이 바람직한 것인지에 대해서는 생각이 미친 적도 없을 것이다.

이러한 무뢰한들에게 짓밟힌 한국 민중은 그들이 낮춰보듯이 정말로 무력한 존재일 뿐일까. 결코 그렇지 않다. 오천 년에 걸친 유구한 역사를 쌓아오는 가운데 우리 민족은 일찍이 아직 단 한 번도 이러한 무리를 허용한 적이 없었다. 용케도 박정희 자신이 이른바 금년 신년사 가운데 고백하고 있듯이 그들은 이제부터 고난의 연속일 것이다. 과거 15년간 너무나도 가혹한 고난의 강요를 참지 못한 민중은 몇 번이나 들고일어나 박 일당을 궁지에 몬 것이 한두 번이 아니었다. 그때마다 그들은 교활한 수법으로 늘 위기일발 순간에 목숨을 이어갈 수 있었지만, 이는 물에 빠진 자의 마지막 발버둥에 불과하다.

박 정권은 위기에 직면할 때마다 이른바 '북의 간첩' 사건을 날조하고 선전하여 죄 없는 사람들을 희생양으로 삼음으로써 국민들의 눈을 가려 위기에서 벗어나기를 상투적 수단으로 해왔다. 또한 자신들이 민중과 민족에게 범한 죄를 합리화하기 위해 '북의 간첩' 사건을 날조해 반공법, 국가보안법으로 처단하면서 북과 공산주의자에게 책임을 전가함으로써 국민을 속일 필요가 있었던 것이다. 제정신이 아닌 반공 선전과 '북'의 위협 선전 효과가 보기 좋게 꽃을 피웠다. 이 때문에 얼마나 많은 애국자와 죄 없는 선량한 사람이 희생됐는지 모른다.

박 정권의 위기는 으레 봄에 찾아왔다. 그 증거로서 KCIA가 만들어낸 이른바 '간첩단 사건'이라는 것의 발표 대부분이 3월에서 6월에 집중되어 있는 것을 보면 알 수 있듯이 박 정권의 위기 즉 민중의 저항이 봄이 되면 고조되는 것이다. 이는 주로 한국 역대 정권에 맞서 가장 전투적으로 투쟁해온 학생들이 봄과 동시에 학교에 돌아오고, 가혹한 수탈로 영락한 농민들이 주기적으로 맞이하는 절량 계절인 춘궁기이며, 그리고 이때 억압에 대한 온갖 분노가 맞물려 폭발하기 때문이다.

민중이 들고일어나면 모든 게 끝이라는 것을 박정희 일당이 잘 알고 있기에, 그런 사태에 이르지 않게 하기 위해 무슨 짓을 해서라도 이를 막아야 하고, 그러기 위해서는 가장 충격적인 사건을 만들어내야 하는 것이다. 따라서 KCIA는 평소 준비를 게을리하지 않다가 이때야말로 전지전능한 '왕'처럼 행동할 기회를 잡는다. 대간첩단 일망타진이 발표되면 민중의 눈이 한꺼번에 쏠린다. 그러면 일이 일단락되는 것이다. 뒤에 남는 것은 희생된 제물에 대한 재판극과 냉혹하고 어두운 현실뿐이다.

여기서 재일교포 '간첩 사건'의 경과를 살펴보자. 1969년 5월 발표된 김규남金圭南 씨 사건, 1971년 4월 발표된 서승徐勝 씨 사건, 1973

울릉도 간첩단 조작 사건

년 3월 사와모토 산지沢本三次 씨(귀화인) 사건, 1973년 5월 최창일崔昌一 씨 사건, 같은 해 6월 김철우金鐵佑 씨 사건, 1974년 3월 울릉도 거점 간첩단 사건(내가 이 사건의 주모자로 지목되어 우리 형제 두 사람과 친척 5명을 포함한 32명이 기소되어, 사형 3명을 포함해 전원 유죄 판결이 결정, 현재 복역 중인데 물론 나는 전혀 모르는 일이다), 같은 해 6월 김승효金勝孝 씨 사건, 1975년 2월 하순 김달남金達男 씨 사건 등등, 이렇게 재일 한국인 간첩 단 사건이라는 것의 발표 기간이 모두 3월에서 6월에 집중되어 있는데, 이는 바꿔 말하면 정치적 효과를 노린 명백한 증거이다. 특히 재일 한국인 간첩 사건은 최근 몇 년간 격증하여 지금은 그 수가 60여 명에 달한다. 더욱이 이러한 사건은 점점 느는 경향이 있는데 이는 일면 박 정권이 한국 민주 세력의 반박反朴 투쟁을 이전처럼 아무것이나 북과 연결 짓는 것이 이제 그들의 반공 선전의 허구성을 간파한 민중 앞에 통하지 않게 된 사정과도 관련이 되는데, 재일 한국인을 끼워 넣거나 혹은 그들을 중심으로 내세움으로써 사건의 실체를 흐리는 수법이 본 국에 생활 기반을 두고 있는 사람을 중심으로 날조하는 것보다 국민을 속이기 쉽기 때문이다. 일본에 조선총련이 존재하기 때문에 쉽게 연결 지을 수 있고 그 편이 국민을 속이기에 설득력이 있기 때문이다.

지금까지 KCIA에 체포되어 억지로 간첩이 된 재일 한국인 대부분은 KCIA 발표대로 자백하고 있다. 무죄를 주장하는 우리 가족에게 이 점에 대해 의문을 던지는 사람들도 적지 않은데, 문제는 이러한 자백이 어떠한 상황에서 행해졌는가라는 데 있을 것이다. 일제시대 유산인 잔인무도한 고문 기술을 그대로 이어받아, 나치의 파쇼 식과 나아가 미국의 과학까지 더해 집대성한 KCIA 고문 앞에 정신적으로,

육체적으로 견딜 수 있다고 자신하는 사람이 있다면 뵙고 싶다. KCIA의 세례를 받으면 일의 진위와는 일절 관계없이 그저 그들의 각본대로 자백하게 되는 것이다.

한국 법률에도 자백의 임의성에 대해 고문에 의해 강요된 자백은 증거로서 효력을 가지지 않는다는 법률조항과 고문 자체를 금하는 법률조항이 제대로 명기되어 있지만, 지금까지 한국 재판에서 이 조항이 햇빛을 본 적은 일찍이 한 번도 없었을 뿐 아니라 오히려 이런 자백이야말로 무엇보다 앞서는 증거로서 중시되는 상황인데 더 말해 무엇 하겠는가.

이렇게 재판에서 절대적인 증거로서 역할을 할 수 있는 자백을 끌어내기 위한 수단으로 고문이 합법적으로 행해지는 현실을 고려한다면 강요당한 자백의 내용보다 고문이라는 현실이 더 근본적인 문제일 것이다.

이러한 허구에 찬 재판극을 아무리 연기한들 애당초 있지도 않은 북의 간첩 사건 등을 절대로 합리화할 수 없을 뿐 아니라 국내적으로도 국제적으로도 사람들의 규탄을 받을 것은 정해진 일이어서 박 정권은 오히려 고립되어 스스로 판 무덤에 자신의 몸을 묻게 되는 지경에 귀착할 것이다. 박 정권이 혈안이 돼서 재일교포에까지 마수를 뻗쳐 간첩 사건을 날조해 많은 사람을 투옥 살해하고 또한 지금까지 연발한 긴급조치의 총편집이기도 한 긴급조치 제9호까지 발동하여 북의 위협을 선동하면서 임전 체제를 만드는 것은 유신체제의 파탄을 의미하는 것에 지나지 않고 이는 바로 공포와 불안에 쫓기는 것은 한국 국민이 아니라 박정희 자신인 것의 살아 있는 증거이기도 하다.

우리 재일 한국인 정치범의 가족들은 지금 박정희 일당으로부터 우리 육친을 되찾기 위해 싸우고 있지만, 이 싸움은 결코 우리만의 싸움이 아니다. 우리 가족을 정말로 구할 수 있는 것은 조국에 자유와 민주주의가 실현되어야 비로소 가능하다는 것을 우리는 우리 자신의 체험과 역사를 통해 아플 정도로 교훈을 얻었다. 인류의 적, 민족의 적인 박정희 일당을 구축하기 위한 투쟁은 바로 정의의 투쟁이자 우리 한민족에게 애국의 투쟁이다. 우리가 몸을 바쳐 투쟁하는 까닭이 바로 여기에 있고 널리 사람들의 동정과 지원을 얻는 까닭도 여기에 있다. 우리 재일 한국인 정치범 가족들의 투쟁은 반드시 승리의 날을 맞이하여 지금 철창에 있는 육친들과 함께, 우리의 투쟁에 아낌없는 지원을 해주신 일본의 여러분과 자유와 민주주의를 사랑하는 모든 이에게 만감을 담아 인사드릴 날이 올 것을 확신하는 바이다.

제7장

간첩 조작 사건 이후 '간첩'의 삶

유상수

해방 이후 형성된 반공이데올로기는 이승만 정권을 지나 박정희 정권
에 들어서면서 더욱 강렬하게 한국 사회를 지배했다. 특히 박정희 정
권에서는 반공이 지배이데올로기로서 통일, 정치, 경제, 군사 등 전
사회적으로 개입했으며, 남북이 대치되어 있는 상황에서 반북한이데
올로기를 핵심 내용으로 삼고 있었다.[1] 이런 상황에서 남과 북은 서로
수많은 간첩을 통해 상대를 파악하고자 했고, 간첩을 보내는 것 못지
않게 상대방의 간첩을 막아내는 데도 많은 노력을 기울였다. 그런 노
력으로 인해 공안기구들이 점차 비대해져갔다. 그런데 시간이 지나면
서 서로에게 파견하는 간첩의 숫자는 줄어들었고, 비대해진 공안기구
들은 그 존재를 과시하기 위해 위협을 계속 양산해야 했다.[2] 특히 통
치기간이 매우 길었던 박정희 정권에서는 '통치'에 위협이 되는 상황
마다 그 돌파구로서 '간첩'을 만들어내곤 했다.

　이렇게 만들어진 '간첩'은 수사과정 중 자행된 각종 고문과 불합리

한 재판의 결과로 수년에서 수십 년 동안 억울한 옥살이를 해야 했다. 그러나 억울한 옥살이가 끝난 후에도 '간첩'에게 가해진 벌은 끝나지 않았다. 이미 '빨갱이' 낙인이 찍힌 이들에게 국가는 엄격했고, 사회는 냉정했으며, 고향조차 더 이상 따뜻한 품을 내어주지 않는 것처럼 느껴졌다. 친척들도 또다시 간첩 조작 사건에 연루될까 두려워 서로 만나는 것을 피하게 되었고, 가족들은 오랜 시간 연좌제의 피해를 감수하며 살아가야 했다.

이 글에서는 간첩 조작 사건 피해자들의 목소리를 중심으로 '간첩' 이후의 삶을 살펴보고자 한다. 낙인, 보호관찰, 연좌제, 고향의 변화 등은 피해자들을 육체적, 정신적으로 괴롭혔던 요인들이었다. 특히 과거사에 대한 진상규명과 재심을 통해 간첩 조작 사건 과정에서의 국가폭력에 대해서는 어느 정도 반성과 피해보상이 이루어지고 있지만, '간첩'이 된 이후의 요인들은 여전히 주목받지 못하고 있고 관심의 대상도 되지 못하고 있다. 이 글은 울릉도 간첩단 조작 사건 피해자들의 목소리를 통해 '간첩' 그 이후의 삶을 재구성하는 것을 목표로 하면서 첫째로는 '간첩'이 된 후 사회적으로 찍힌 낙인과 그에 따른 체념, 그 과정에서 가족에 대한 감정을 다루고자 하였다. 둘째로는 출소 후의 보호관찰제도를 통해 어떤 피해를 가했는지에 대해서 살펴보고자 하였다. 셋째로는 연좌제를 통해 공적, 사적 영역에서 어떤 피해를 가했는지에 대해서 살펴보고자 하였다. 넷째로는 사회적 낙인, 보호관찰, 연좌제 등을 통해 고향이 이들에게 어떤 곳으로 변했는지, 그 과정에서 이들이 고향이라는 곳에 대해서 어떻게 인식했는지를 살펴보고자 하였다.

1. 사회적 낙인과 체념, 또 다른 형벌

반공주의가 지배하고 있던 한국현대사 속에서 간첩 조작 사건으로 '간첩'이 된 사람들에게는 재판을 통한 처벌 외에도 다양한 처벌이 기다리고 있었다. 그중 가장 우선은 사회적인 낙인이었다. 그 처벌은 '간첩'뿐만 아니라 가족들에게까지 행해졌다. 이 때문에 처음 간첩 혐의가 씌워져 연행되는 순간부터 간첩 조작 사건 피해자들은 두려움을 느끼기 시작했다. 그리고 자신에게 씌워진 혐의에서 쉽게 벗어날 수 없다는 것을 알아차리는 순간 모든 것을 체념하게 되었다. 그 첫 번째 단계가 '간첩'이 된 나를 사회에서 어떻게 볼 것인가라는 부분이었고, 두 번째 단계는 나의 가족은 이 사회에서 어떤 피해를 볼 것인가에 대해서 고민을 하는 것이었다. 그리고 그 연장선에서 가족의 해체까지 고민하였다. 울릉도 간첩단 조작 사건의 피해자 중 한 명인 이성희의 경우 무기징역을 받은 후 다음과 같은 이유로 사랑하는 아내를 떠나보내야겠다고 생각했다.

> 기한 없이 옥살이를 해야 하는 몸으로 아내를 붙들어 두는 것은 염치 없는 짓이라고 생각되었다. 무엇보다 사랑하는 아내를 위해 할 짓이 못 되었다. 아내가 무슨 죄가 있던가. 아내만이라도 행복해야 한다고 믿었다.[3]

이런 생각은 또 다른 피해자였던 전국술의 증언을 통해서도 확인된다. 전국술은 이성희보다 낮은 형량인 5년형을 받았음에도 불구하고 그에게 씌워진 '간첩'이라는 혐의가 갖는 의미를 충분히 알고 있었고, 이 때문에 부인이 면회 왔을 때 "좋은 사람 만나 들어가라고(시집가라고)"라며 단도직입적으로 발언하기도 하였다. 이렇게 말한 것은 그래야 자신의 죄, 즉 짐을 내려놓고 부담이 없을 것 같아서였다. 그러면서도 수감 중 가장 힘든 것으로 처자식이 보고 싶은 것을 꼽기도 하였다.[4] 감정적으로 가족을 그리워하고 때로는 의지하면서도, 이성적으로는 가족이 볼 피해를 생각해 가족의 해체를 고민했던 것이다. 이런 모습은 다른 피해자의 가족에 대한 기억에서도 확인할 수 있다. 다음은 이성희의 증언 중 아내와 아들들에 대한 언급이다.

서울 와서 우동 장사를 했어요. 무도교에서. 우리 사람(아내)이 그냥 좀 대단해요. 아 그래서 장사를 얼마나 열심히 했는가, 아파트도 하나 장만하고. 나 없는 동안에 내설악 아파트라고, 아파트를 한 채 샀디야. …

예예, 한번 면회 왔어. 그리고 바로 내가 들어간 고 다음 핸가 죽어버렸어. 참 그놈이 아까워. 그 내가 재판 받을 때 최후의 진술을 하라 그럽디다. 그중에 어째서 북에 갔냐, 그거를 물어. 거시기라고 묻지 변호사가. 그럼 답변을 하는데, 내가 민족을 위해서 통일, 민족 통일을 위해서 내가 좀 몸을 바치려고 한 일이다. 주로 그런 이유로 얘기를 했어요. 그때 마지막 유언으로 알고 얘기했어. 근데 큰형제(큰아들), 둘째아들 세 사람이 들었지. 막둥이는 전주에서 학교 다니니까 고등학교 다니니까 못 듣고. 근데 고 다음 날 우리 집사람이 면회 와서 그러더라니까. 큰애는 암말도 않더라는디 둘째 죽은 놈 그러데. 내가 아빠 입장이 되었어도, 나라도 평양에 갔다 왔겠다고. 얘기를 그렇게 해, 하더라고. 그놈이 나하고 많이 상통을 해. 뜻이 맞아요. 그놈이 죽어버렸어. 참 세상에.[5]

울릉도 간첩단 조작 사건

아내의 경우는 남편이 '간첩'이 된 상황이었지만, 다른 가족의 생계를 위해서 더욱 악착같이 버텨냈고, 아파트까지 장만했다. 하지만 자식의 경우에는 아내와 달랐다. 장남의 경우는 아버지와 말도 하지 않을 정도로 어색한 사이였고, 차남의 경우 나중에 아버지의 뜻을 이해했지만 처음부터 그렇지는 않았던 것으로 보인다.

또 다른 피해자였던 이사영도 자신의 수감생활로 인해 제대로 볼 수 없었던 딸에 대해서 다음과 같이 기억했다. 뒤에 언급할 연좌제와는 별도로 '간첩'으로 수감되면서 어린 시절 형성할 수 있는 자식들과의 정이 형성되지 않았고, 이 때문에 이후에도 어색한 관계로 남을 수밖에 없었다.

면담자 출소하셨을 때 따님이 이제 성인이, 큰따님 같은 경우에는 성인이 됐잖아요? 20살이 넘었던 거죠?

구술자 예.

면담자 그러면 어렸을 때 봤던 거랑은 느낌이 많이 다르셨을까요?

구술자 인자〔인제〕 보지는 못했어도 그 안에 살면서 사진으로, 사진으로는 가끔 이렇게 넣어줘서 사진만 보고 변해가는 걸 알죠.

면담자 편지는 주고받으셨어요?

구술자 예.

면담자 어때요? 아빠를 원망하거나 그러지는 않았어요?

구술자 나는 혹시라도 애들한테 내가 상처를 준 거려나. 그래서 아빠라는 사람이 이렇게 큰 죄를 저지르고 돌아왔는데 딸이 전과 같이 그냥 그렇게 순순하게 받아줄까 하는 그런 걱정도 많이 했어요. 했는데 언젠가 내가 한번 출소하고 나서 한번 기회가 있어서 얘기를 했어요. 너희들이 혹시 나한테 어떤 서운한 감정이 남아 있다던지 뭐 그런 게 있는 거 아니냐. '그런 거 없다' 그러더라.

면담자 그래도 다행이네요. 따님들이 이렇게…

구술자 근데 지금 여기 와서 보면 조금 순전, 순탄하진 않아요. 왜 그런가 하면은 내가 혼자 사니까. 지 엄마가 있으면 안 그럴지도 모르는데 나 혼자 사니까. 어떻게 보면 더 나하고 가까워져야 하고 자주 이렇게 찾아온다던지 전화한다던지 그래야 되는 입장인데 그게 조금 소원하거든요.

면담자 지금 같이 사는 분하고…?

구술자 예. 그래서 내가 때로는 인제 외롭고 속상하고 그래서 혼자 울면서 내가 이렇게 살아서 뭐 할까 그런 맘도 있어서 한번 물어봤어요. 애들한테. 니들한테 내가 어떤 잘못한 것이 있어서 그런가. 서운한 게 있어서 그러는가. 그래서 이렇게 발걸음을 자주 않는 거 아니냐. 그랬더니 그런 건 아니라고. 아버지가 어렵다고 그러더라. 그렇게 말을 하더라구요. 내가 너들한테 내가 나는 자랄 때 아버지란 분이 너무 엄격하게 해놔 가지고 아버지 정이 없어요. 따끈따끈한 정이 없어. 사실. 그래서 막 무서운 존재로만 이렇게 알고 있었기 때문에 어린 나이에도 난 나중에 내 애들 갖고 살면은 절대 우리 아버지처럼 내가 안 할 것이다라는 내 마음속으로 다짐을 갖고 살았거든요. 그[래]서 절대 내가 매를 든다던지 그런 거 한 번도 없었어요. 내가. 근데 왜 무섭다 그러냐. 내가 니들한테 무섭게 한 일이 없는데 내 생각에는. 그랬더니 원인을 찾아서 보면 어렸을 때 같이 이렇게 스킨십도 하고 이렇게 같이 이렇게 생활을 안 했기 때문에 아마 그 거리감이 생겨서 지금도 그런가 보다. 난 그렇게 이해를 해요.

168   울릉도 간첩단 조작 사건

이게 쉽게 융화가 안 되는 거 같아.[6]

　전국술의 경우는 처음 아내가 면회 왔을 때 가족의 해체를 언급한
것을 제외하고는 계속해서 가족들에 대한 그리움을 내비쳤다. 이성희
의 사례에서 본 것처럼 아내도 전국술이 '간첩'이 되기 전보다 더 악
착같이 생활했고, 전국술은 그런 가족의 존재 때문에 힘든 수감생활
을 버틸 수 있었다.

면담자 사모님 생각이나 인제 애들 생각도 좀 많이⋯

구술자 많이 나죠. 왜냐하면 결혼하고 1년 조금, 조금 더 지났고. 애까지, 애
　나〔낳아〕놓고 갔으니까.

면담자 그때 자제 분이 있는데 인제 잡혀오신거죠?

구술자 예. 근데 인제 그 같이 형 산 사람들은 어떤 사람들 보면, 그 식사가
　부실하잖아요. 그걸 젤〔제일〕못 견뎌하더라구요. 근데 나는 그 식사보다
　는 처자식이 더 보고 싶더라구요. 그게 더 내 마음을 아프게 하더라구요.

면담자 사모님은 뭐 일을 하셨대요, 그동안에?

구술자 그때 가게를 했어요. 내가 인제 고〔그〕때 퇴직금이 나온 게 있어 가
　지고.

면담자 무슨 장사 하셨어요?

구술자 잡화점 했다 합디다. 중랑교 가면 그 태릉 묵동이라고 있어요. 묵동.

면담자 어디쯤인 거죠? 묵동?

구술자 태릉 가다 보면 중화동, 묵동. 거기 내가 살았어요. 거〔기〕중앙시장에.
　(전국술)[7]

피해자들이 가족에 대해서 해체와 그리움의 감정을 동시에 갖게 된 것은, 힘든 수감을 마치고 돌아왔지만 사회에서는 이들을 이웃으로 다시 받아줄 준비가 되어 있지 않았기 때문이었다. 이런 사회적인 분위기 속에서 한번 '간첩' 낙인이 찍힌 사람들은 자신이 아무것도 할 수 없을 것이라는 두려움에 빠지게 되었다. 이사영과 전국술의 다음 발언에서 자포자기적인 감정을 느낄 수 있었다.

응. 나도 그랬어요. 나도 형님한테 또 출소해가지고 내가 뭐 일할 것도 없지. 내가 직업을 남의 집 월급쟁이는 할 수도 없는 거고. 근데 놀고 있을 수도 없고. 그래갖고 여러 가지 해봤어요. 사실. 내 자력으로 할 수 있는 것들을. 또 누구 같이 할 수도 없고 나 혼자 해야 되는 것들 찾아보니까 별로 할 게 없더라구. 그[래]서 때로는 비디오 가게도 한번 해보고. (이사영)[8]

큰 회사에는 아예 취직을 할 수 없었다. 해외여행에 결격사유가 없어야 취업할 수 있었기 때문이었다. … 보안관찰을 받고 있었기 때문에 해외여행은커녕 이사도 마음대로 할 수 없는 처지였다. (전국술)[9]

피해자들은 출감 이후 삶에 대해서도 이미 어느 정도 포기한 모습을 보이고 있다. 회사 취업이 불가능한 현실을 이미 전제하고 있는 것이다. 이들은 수감생활 중 다른 사상범을 통해 교도소 밖 현실을 충분히 접하기도 했거니와, 출감 이후 사회적인 분위기를 새삼 느꼈던 것이다. 전국술은 그 이유를 좀 더 구체적으로 이야기하고 있다. 회사에서 직원 채용 공고가 나올 때 자격요건 중 '해외여행에 결격사유가 없는 자'라는 규정은 '간첩'이 된 이들에게는 채울 수 없는 조건이었다. 여권을 신청해도 발급되지 않았기 때문에 해외에 나가는 것은 불가능했다. 정부 차원에서 직접적으로 취업을 막지 않더라도 기본조건 중 하나를 충족하지 못해 아예 원서조차 낼 수 없는 상황이 이어졌던 것이다. 이런 상황에서 이들의 선택지는 대체로 자영업을 하거나 그런 취업요건이 필요하지 않은 지인이 운영하고 있는 기업체에 취업을 하는 것이었다. 전국술의 경우에는 출감 직후 다른 사람의 토지를 빌려 밭 농사를 짓기도 했다.

이러한 체념이라는 감정과 더불어 자신이 선택한 외면과 타인의 외면이라는 감정 또한 이들의 선택지 중 하나였다. 울릉도 간첩단 조작 사건의 피해자였던 김영권의 경우에는 "다른 분들도 비슷하겠지만, 제 경우에는 아무래도 가족이나 친척들의 냉대라고나 할까… 그런 것이 가장 힘들었어요. 출소는 하였지만 별로 만나려고 하질 않아요. 느껴지잖아요. 만나는 것을 원하지 않는다는 것을요"[10]라며 주변의 외면에 대해서 어려움을 토로했다.

전국술의 경우 가족뿐만 아니라 친지들도 모두 울릉도를 떠났고 집안은 완전히 해체되었다. 또한 "이제 출감해봤자 어디로 가겠나…", "이제 어디 가서 발붙이고 살 수 있겠나", "이제 끝났다" 등의 생각이 그를 끊임없이 괴롭혔다.[11] 이런 생각은 수십 년이 지나도 사라지지 않고 계속 피해자들을 괴롭혔다. 이들에게 사람들은 여전히 낯설었다. 20년이라는 짧지 않은 세월이 지났지만 사람들은 여전히 피해자들을 환영하지 않았다. 전국술이 울릉도에 왔음을 안 동창이나 후배들은 모두 그를 피하고, 만나지 않았다. 전국술이 만날 수 있었던 사

람은 집안의 먼 동생뿐이었다.[12]

손두익도 형을 마치고 울릉도로 돌아왔을 때 가장 힘든 것이 외면이었다.[13] 외면뿐만 아니라 집단 내에서는 소문을 통해 '간첩'이 된 사람들을 규정했다. 혐의에 대한 신문 기사를 바탕으로 한 소문은 공공연하게 확고한 '사실'로 굳어졌고, 그 '사실'은 점차 확대 재생산되었다. 이 '사실'은 피해자들을 배척하는 근거가 되었다.[14] 이런 모습은 '간첩' 당사자에 국한되지 않고 가족에게도 적용되었다. 손두익의 딸인 손명숙의 증언에서 이런 부분을 충분히 느낄 수 있다. 다음은 손명숙의 발언이다.

> 어느 날인가… 학교에 갔는데 분위기가 보통 때와는 달리 이상해요. 선생님도 아이들도 평소와 달라요. 저는 저희 집에 무슨 일이 일어났는지 친구들과 선생님을 통해 알게 되었지요. 저희 집은 빨갱이 집이고, 저는 빨갱이의 딸이었다는 것을요.[15]

2. 보호관찰, 감옥의 연장선

보호관찰은 출감 후 사건의 피해자들을 괴롭히던 대표적인 것이었다. 보호관찰, 즉 민간인 사찰은 크게 두 가지로 분류할 수 있는데, 대상이 특정되지 않는 '일반사찰'과 특정 인물이나 단체를 일정 기간 주기적으로 감시하는 '요시찰'이 그것이다. 이 중 요시찰은 일제강점기에 있던 것이 해방 이후에도 존속되었다.[16] 이런 사찰 활동은 경찰을

울릉도 간첩단 조작 사건

중심으로 한국전쟁 이후에도 그대로 이어졌다. 경찰에서는 중점 감시 대상을 '요시찰인'으로 명명하고 "국체의 침해와 사회 공공의 안녕을 침해할 우려가 있는 불순요소를 내포한 분자"인 특수 요시찰인과 보통 요시찰인으로 분류하여 관리하였다. 충청남도 금산 지역의 경우 1950년대 중반 특수 요시찰인은 4명, 보통 요시찰인은 145명이었다고 한다.[17] 이렇게 경찰의 사찰 활동은 1950년대 이후에도 계속 이어졌던 것으로 보인다. 이후 명칭을 보호관찰로 변경하고, 정보·보안 경찰이 이를 담당하였다. 1979년 기준 전체 경찰관 4만 9964명 중 정보·보안경찰은 5800명으로 경찰의 11.6%를 차지하였다.[18]

박정희 정권에서는 유신체제 이후 1975년 7월 16일 특정범죄를 다시 범할 위험성을 예방하고 사회복귀를 위한 교육개선이 필요하다고 인정되는 자에 대하여 보안처분을 함으로써 국가의 안전과 사회의 안녕을 유지하는 것을 목적으로 하는 《사회안전법》을 제정하면서 보안처분을 법제화했다. 이 법에 따르면 보안처분은 1. 보호관찰처분, 2. 주거제한처분, 3. 보안감호처분으로 구분(제3조 보안처분의 종류)되어 있었고, 보안처분의 대상자로서 1. 형법 제87조 내지 제90조, 제92조 내지 제101조, 2. 군형법 제5조 내지 제8조, 제9조 제2항 또는 제11조 내지 제16조, 3. 국가보안법 제1조 내지 제8조, 4. 반공법 제3조 내지 제7조로 규정하여 '간첩'의 경우 보호관찰 대상에 포함되었다.[19] 《사회안전법》은 '사상범'에 대한 보안처분을 법제화한 것이었다.[20]

보안처분에 대한 피해자들의 체감은 각자 달랐다. 손두익은 보안처분으로 인해 "주거제한에 걸려 있었기 때문에 다른 곳으로 떠나기 어려웠다"[21]고 증언하였다. 이성희는 자신의 보호관찰 경험에 대해 다음과 같이 표현하였다. "보호관찰 때문에 좀 시달림을 받았어요. 괴로웠지요. … 형사가 보호관찰 한답시고 수시로 집에 찾아왔어요. 오면 밥을 사줘야 해요. … 집으로 오지 않으면 매달 경찰서로 들어오라고 해요. 조서 꾸민다고. 원래 그렇게 안 되어 있거든. 본인 모르게 감시만 하고 보고서 쓰면 되는 것이에요. 그런데 이놈이 자기 편해지려고 그러질 않았어요."[22]

　　이사영은 좀 더 구체적으로 보호관찰을 기억하고 있었는데, 국가보안법이나 반공법으로 형을 받았던 사람들은 보안관찰 대상에 해당되어 출소한 다음 날부터 해당 경찰서의 보안과에서 관리 감독한다고 하였다. 그리고 기본적으로 한 달에 한 번씩 자신의 행적, 즉 누구와 연락하고 누구를 만났으며, 어떤 생활을 하는지에 대해서 보고서를 작성, 제출하였다. 이 외에도 담당 경찰들은 때때로 전화를 걸어 보호관찰 대상자의 상황을 파악하였고, 2년마다 심사를 통해 보호관찰의 연장 여부를 결정하였다. 경찰서와 검찰청을 거쳐 법무부의 감찰위원들이 이를 결정했는데 이사영의 경우는 20년이 넘게 보호관찰 처분을 받았다. 왜냐하면 이사영의 친형이 간첩 조작 사건의 핵심인물인 이좌영이기 때문이었다. 그러나 정작 당사자인 이사영은 자신의 보호관찰이 종료된 후 보호관찰기간이 왜 끝나지 않는가에 대해서 알지 못했다. 그래서 보호관찰에서 빨리 벗어나기 위해 주변의 말을 듣고 수재의연금을 낸다든지, 위문을 한다든지 선행을 하기 위해 노력하였다. 언제 끝날지 몰랐던 이사영의 보호관찰은 2008년 형인 이좌영이 사망하고 난 다음에야 끝날 수 있었다. 이사영은 보호관찰 지속의 원인이었던 형 이좌영이 사망하고 나서야 보호관찰에서 벗어날 수 있었던 것이다. 이 기간 경찰, 검찰 등은 필요할 때에 피해자들을 호출하여 두 시간이고 세 시간이고 조사를 진행했다. 친구 회사에서 일하는 동안 출장이라도 가게 되면 미행하기도 했고, 숙박하는 경우에는 주변 여관에 묵으며 감시했다.[23] 이런 보호관찰은 형 집행 이후에도 피해자들을 괴롭히는 요인 중 하나였다.

3. 연좌제, 가족 공통의 고통

연좌제는 대표적인 국가폭력의 한 형태였다. 한국 사회에서 연좌제란 마치 과거 봉건왕조 시대에 반역자를 처벌할 때 당사자뿐만 아니라 구족을 멸했던 것처럼 당사자의 잘못이 아님에도 불구하고 범죄에 연루된 본인이 아닌 그 가족에게 좌익행위나 간첩행위에 대한 전력을 문제 삼아 불이익을 가했던 관습상의 제도[24]였다. 특히 분단과 한국전쟁을 경험한 한국에서 좌익활동을 했거나 월북한 사람의 가족은 약 100만 명에 달했으며, 이들은 연좌제로 고통받았다. 납북자 가족들은 잠재적 '사상불온자'로 여겨져 북한의 간첩활동에 동조할 수 있는 위험집단으로 구분되기도 했다.[25] 이들은 독재정권에 의해 '간첩 만들기'에 활용되었고, 그 과정에서 이들의 가족은 또다시 연좌제의 피해자가 되었다. 그 대표적인 경우가 이좌영이었다. 중앙정보부는 전북 출신으로 일본에서 성공한 사업가인 이좌영을 한번 재일 간첩으로 낙인찍은 뒤 다른 간첩 조작 사건의 연결고리로 '재활용'하였다. 1974년 울릉도 간첩단 조작 사건에 등장했던 그는 1993년 남매 간첩단 사건,

1994년 이화춘 간첩 조작 사건에 다시금 등장하였다.[26]

이런 연좌제는 공식적으로는 존재하지 않았던 것처럼 보인다. 국가기록원을 통해서 확인할 수 있는 〈연좌제 폐지에 따른 신원조사업무요강〉 등 1960~1970년대에 생산된 경찰문서에서 '연좌제 폐지에 따라 이를 적용하지 않는다'는 것을 계속해서 명기하고 있기 때문이다. 하지만 실제 내용을 보면 연좌제 폐지는 일반범죄에 대한 것일 뿐이었다. 간첩죄에 관련되었던 사항, 한국전쟁 중 월북한 자 및 조총련 활동자, 국가보안법 또는 반공법 위반죄에 관련되었던 사항, 대상자에게 특히 영향을 미칠 수 있다고 인정되는 사항, 기타 요청기관의 장이 요구하였거나 요청기관의 이익을 위하여 필요하다고 인정되는 사항 등은 신원조회에 포함됨으로써 실질적인 연좌제가 시행되었다.[27] 1980년 개정된 대한민국 제8차 헌법 제13조 3항에 "모든 국민은 자기의 행위가 아닌 친족의 행위로 인하여 불이익한 처우를 받지 아니한다"는 조항이 추가되면서 연좌제는 폐지[28]된 것처럼 보였지만 실질적으로 연좌제가 힘을 잃은 것은 김대중 정부가 들어서면서였다.

연좌제는 국가적 차원에서의 공적 영역과 이웃들에 의한 사적 영역에서 공존하고 있었다. 6·25전쟁납북진상규명위원회에서 진행한 납북자 가족 322명의 사례 분석에 따르면 시험, 취업, 승진, 혹은 군복무 불이익이나 해외 이주 및 여행 시 신원조회상의 불이익은 195명(60.6%), 주변으로부터 따돌림이나 관련 기관으로부터 감시는 104명(32.3%), 관련 기관으로의 연행 및 폭행, 가택 수색이나 재산 압류 등 신체 및 재산권 침해는 23명(7.1%)으로 조사되었다.[29] 연좌제에 연루된 이상 헌법에 보장된 직업선택의 자유, 공무담임권은 관념상의 권

울릉도 간첩단 조작 사건

리일 뿐이었다.[30] 권리는 제한되었지만 의무는 제한되지 않았다. 병역의 의무는 온전히 져야만 했다. 연좌제 연루 가족에게 국가 및 사회의 시선은 원죄의식으로 나타났다. 이러한 원죄의식으로 끊임없는 공포와 자신의 삶으로부터 탈출하고자 하는 심리에서 살아가야 했다(이문열 《월간 말》 인터뷰 중 1991년).[31]

공적 영역뿐만 아니라 사적 영역에서도 이들은 공동체로부터 철저히 배제되는 것으로 연좌제의 규정을 받았다. '간첩'의 가족이라는 이유로 아무나 함부로 다루어도 되는 수준까지 전락하였던 것이다. 지역사회는 이들에게 다양한 형태의 폭력을 행사하였다. 예를 들면 직장에 '간첩'의 가족이라는 사실이 알려지면 직장에서 해고되었고, 이웃 사람들이 이들을 수시로 감시하여 이들은 한순간도 자유로울 수 없었다. 특히 형 집행 후 고향으로 돌아갔던 간첩 조작 사건의 피해자들과 가족들은 이웃 사람들로부터 사적 영역에 이르기까지 연좌제로 심각하게 구속받았다. 피해자들은 연좌제에 대해서 다음과 같이 언급하였다.

정말 기가 막힌 것은… 나중에 알게 되었는데… 제 옆집에 살던 사람이 있어요. 제가 선장 일을 가르쳤지요. 제가 울릉도에서 선장 면허를 가장 먼저 땄거든요. 제가 그 사람에게 선장 일을 가르치고 제 배에서 선장으로 일을 했지요. 그런데 사건 후에 위로는 못 해줄망정… 이 사람이 어머니를 찾아와서는 '할머니 아들은 빨갱이예요. 살아서는 돌아오지 못해요. 그러니 기다리지 마세요. 그리 아세요'라고 말했대요. 그 일로 노환에 아들 걱정을 하던 노인이 심한 충격을 받고 얼마 안 있다가 운명하셨어요. (손두익)[32]

고등학교 다닐 때에는 공부를 잘해 상을 받게 되었는데 막상 상을 받는 날이 되니 상을 주지 않아요. 신원조회에 걸린 것이에요. 선생님이 그러시더군요. '상을 주려고 했는데… 아버지 때문에 줄 수 없게 되었다' 하고 말이에요. 그 이후로는 상 같은 것 받을 생각도 하지 않게 되었지요.

아버지가 출감하신 지 28년이 되었거든요. 그런데도 어제 일처럼 아버지 계시던 교도소 주소와 수감번호를 기억하고 있어요. 잊히지 않네요. 대전시 중촌동 1번지… 수감번호가 3965번이었어요. 이 번호가 이제는 뼈에 새겨져 집 보안키라든가 비밀번호를 쓸 때가 있으면 저절로 이 번호를 누르게 돼요. 3965 하고 말이에요. (손두익의 딸 손명숙)[33]

신문에 기사가 난 후 모든 것이 달라졌다. 살가운 이웃으로 가깝게 지내던 동네 사람들도 변하였다. 동희와 동생들이 지나갈 때마다 수군거리고 손가락질하였다. 때로는 집에 찾아와 무엇인가 찾고 있는지, 마루 밑을 들여다보고 뒤지기도 하였다. 어떤 날은 술 먹은 아저씨가 찾아와 "전영관이 나와! 이 간첩 새끼 나오란 말이야" 하고 소리지르고 욕하고 문을 부수기도 하였다. … 그날 이후 학교에서도 외톨이가 되었다. 위로하고 도와준 친구들도 있었지만, '간첩의 딸'이라고 놀림을 많이 받았다. (전영관의 딸 전동희)[34]

울릉군 수협에 근무하던 장남은 사건 발생 후 직장을 그만둘 수밖에 없었고 우울증에 걸려 고통받고 있었다. 그 후로 이렇다 할 직업도 가지지 못한 채 가정도 꾸리지 못하고 홀로 살아가고 있었다. … 차남은 공무원으로 채용되어 한 달간의 교육까지 마쳤으나 임용에서는 제외되었다. 사남 역시

울릉도 간첩단 조작 사건

공무원 시험에 붙었으나 채용되지는 못하였다. 전화국에 다니던 장녀도 그 만두고, 백화점의 점원으로 일해야 했다. 법적으로는 없어졌다고 하지만 강력하게 우리 사회를 지배하고 있던 연좌제에 걸렸던 탓이었다. (전서봉)[35]

처음에는 인자[인제] 내가 다니던 공장에 가서 집에서 할 수 있는 일거리들이 좀 있어요. 뭐 간단한 실밥을 딴다던지, 뭐 라벨을 붙인다던지. 그런 걸로 인자[인제] 갖다가 뭐 그냥 집에서 이렇게 조금씩 허[하]고 그랬는데 그걸로 생활이 안 되지요. 그리고 인자[인제] 어디 뭐 일도 나가서 하기도 하고. 그렇게 살다가 어떡하다가 이제 일본 형님하고도 이게 선이 끊어져갖고 연락도 안 되고. 어떡하다 인제 그쪽에 선이 닿아가지고 일본에. 그래갖고 형님이 조금 도와줬어요. 그래도. …

그럴 거야. 형님은 참 애들이 많고, 일도 힘들고 그래서 그런지 어쩐지 나 오셔가지고 얼마 안 있다 돌아가셨어. … 지금은 다 성인들. 지금 그 조카 하나가 장충고등학교 다닐 때이고 그랬는데. 개들이 조카들이 그냥 제대로 안 돼가지고. 집안이 이렇게 되니까 그냥 애들이 다 흩어지기도 하고 그냥 지들 있기로도 우애도 없고 그래. 난 그것들이 조금 되게 안타까운데. 조카들이 둘이나 죽기도 하고. (이사영)

면담자 그럼 그 이후에도 사건이 나기 전까지는 이삼희 선생님이랑은 교류도 많이 하고 그러셨어요?

구술자 아 그럼, 그럼. 그렇게 다정하게 지냈지요. 근데 그 사건 후에 우리 제수가 절대로 나를 반대를 해. 제수가 삼희 부인이.

…

구술자 아, 사람 취급을 안 해. 우리 집사람도 그냥 만나는 사람이 없어요. 가차운 사람도.

면담자 전주에서는 바로 떠나신 거예요?

구술자 예, 바로 떠났죠. (이성희)

앞에서 언급한 것처럼 공적 영역에서의 연좌제는 김대중 정부 들어서는 완전히 없어졌다고 할 수 있다. 하지만 피해자와 그의 가족들은 연좌제가 끝난 이후에도 해방된 공간이 아니라 여전히 어둠과 밝음이 교차하는 회색지대에서 자신을 인식하며 불편해했다.[36] 사적 영역에서의 '연좌제'까지 완전히 없어진 것은 아니었기 때문이다. 피해자들은 이런 연좌제에 대해서 너무나 고통스러워했다. 그리고 이 부분을 다시 증언하는 시간에도 상당히 괴로워했다.[37]

피해자 중 한 명이었던 이성희는 2006년 진실·화해를위한과거사정리위원회에 진실규명을 신청했고, 2010년 위원회가 중앙정보부에 의한 간첩 조작 사실을 인정한 뒤 피해자들은 각자 법원에 재심을 신청했다. 그리고 2015년 재심에서 승소하기까지 이들은 자신들의 피해 사실을 말하고 또 말해야 했다. 그럼에도 2020년 구술인터뷰를 진행할 때 특히 연좌제에 대한 기억을 떠올리는 것에 대해서 불편해했다. 전국술의 경우 처음에는 구술인터뷰를 진행하는 것 자체를 고사하기도 했다. 이성희의 부인은 이성희의 구술인터뷰 수락에 대해서 "어디서 또 해코지를 당하면 어떻게 하느냐"며 강하게 거부감을 드러내기도 했다. 오랜 연좌제로 인해 피해자들은 국민 아닌 국민으로 사회적 기회의 제한을 받았고, 원죄의 불안으로 인해 끝없이 탈주하고

자 했으며, 가까운 사람들이 가한 사적 폭력을 경험했고, 때로는 공포가 사라진 회색지대에서 지독한 허무감에 빠지기도 했다.[38]

4. 고향의 변화, 푸근함과 냉정함 사이

한 사람의 삶에서 고향은 매우 중요한 의미를 갖는다. 어린 시절 고향에서의 여러 경험은 한 사람을 만들어가는 데 많은 영향을 끼친다. '간첩'들은 간첩 조작 사건으로 인해 고향에 대해서 극명한 양면성을 가지고 있었다. 피해자들은 대부분 어린 시절에 대해 이야기할 때는 아름다운 풍경을 중심으로 고향을 그려냈고, 즐거운 일들을 중심으로 고향을 기억해냈다. 일반적으로 고향을 떠올릴 때의 이미지인 '푸근함', 즉 어머니의 품속처럼 고향을 느끼는 듯했다. 다음은 이들이 기억하고 있는 어린 시절 고향의 모습이다.

나는 어려서 본래는 동진강 하류인데, 그게 갈대밭이었던가 봐. 거그를 하여튼 갈대밭이니까 그 갈대 뿌리가 있을 거 아녀. 그걸 이렇게 떼다가 담을 쌓고, 또 그저 갈대밭에다 집을 지어야 하니까 흙이 필요할 거 아녀. 그 흙을 퍼다가 돋았어요. 그래서 방죽을 하나 맨들었어. 그 방죽을 뭔 크고 방죽이 뭔가 알겠죠. 가져다가 화원도 만들고. 버드나무도 이런 버드나무가 옛날에 한 200년 되었다고 그래요. 대문안집이라고 그렇게 큰집에서 살았어요.

여름에는 일하는 분들이 일꾼이 한 열 명이 돼. 그리고 겨울에는 한 눈 치우고 저거 하니까 그 사람들을 셋만 남고. 여름에는 한 열 명 되어. 그래가지고 대문가니까 그 곳간 큰 곳간도 있고 그 서당 방도 있고 머슴방도 있고 소도 한 마리 길러야 하고. 대문안집 둘째 아들이라고 해가지고 남 부럽잖게 살았어요. 그렇게 부잣집 아들로 둘째 아들로 살았어. 어째 내 별명이 짜가살이여. 빠가빠가 빠가사리라고, 내 별명이 그래. 그 조각 괴팍했대. 그래서 빠가살이라, 대문안집 빠가살이.

그 부잣집 아들로 자랐어. 그냥 내가 하고 싶은 뭐든지 안 되는 게 하나도 없어. 밥을 몇 끼 굶으면 되야. 사줘. 절대로 사줘. 내가 그러니까 그때도 시골이니까 일본학교가 있었거든 소학교가. 일본 사람들 소학교가 있었고, 조선 사람들 중학교, 보통학교가 있었고. 근데 보통학교 학생 중에 오바를 입은 사람은 나 하나여. 왜냐하면 일본 사람들은 그때 입고 다니거든, 근데 한국 사람은 오바 없어. 일본 놈들 오바 입고 있는데 나는 없냐고, 사달라고 하니까 백산에 파는 데가 없어 부안군에서 팔고 없어. 그러니까 광주에 가서. 일부러 간 게 아니라, 광주에 우리 아버지가 친척이 결혼식에 갔다가 광주에서 사갔어요. 그 학교에 오바를 조선 사람 조선 학생이 오바 입은 건 나 하나예요. 그렇게 그냥 귀엽게 자라났어. (이성희 ─ 전북 부안군 백산면)[39]

구술자 아주 벽촌이에요. 아주 산 밑에 이렇게 살았던 벽촌인데 선친께서는 시골에 오래 한 마을에 우리 씨족들이. 한 90% 정도 집중, 집촌해서 사셨거든요. 그런 속에서 살았기 때문에 다른 마을 사람들보다 조금 행동으로나 모든 면에서 좀 유순하다고 그럴까, 그렇게 그런 분위기에서 자랐어요. 나는 그때 당시에 어렸을 때 지금 생각나는 것들이 고통스러웠던 것들 좋았던 기억은 별로 없는데 고통스러웠던 것들이 지금도 안 잃

울릉도 간첩단 조작 사건

어〔잊어〕버리고 인자〔인제〕 남아 있는데 그게 뭐냐면 학교를 우리 마을에서 학교까지 걸어서 다니는데 신발도 없어서 맨발로 다녔거든요. 거의 뭐 고무신이라고 그때는 거의 다 고무신을 신을 때인데 그것조차도 명절 때나 가야 한 켤레 얻을 수 있고 평소에는 그냥 맨발로 갔던 거고. 그렇게 살았기 때문에 그런 고생스러웠던 것들이 안 잃어〔잊어〕버리고 있어요. 날씨가 인자〔인제〕 추워서 서리가 내리고 발 시럽잖아요. 맨발로 다니니까. 그래서 뛰어가고. 그랬던 기억들이 많이 남아 있어요.

면담자 그런데 집성촌 마을에서 살고 계시는 분들 대체적으로 조금 가난한 마을이었던 건가요?

구술자 예. 대부분 다 가난하지요. 이제 몇 분은 괜찮으신 분들이 있는데, 대부분이 다 소작으로 가난하게 살았던 분들이에요. 다 뭐 나가면 형님들, 아저씨들, 대부들 그런 어른들 밑에서 생활하니까 그 지방에서 하는 말들이 우리 마을이 현동이라고 그러거든. 검을 현 자 고을 동 자 현동이라고 하는데 현동양반 그렇게 불려요. 그럼 옆에 동네는 기산이라고 하는데 기산사람, 또 옆에 동네는 죽천이라고 하는 데는 죽천놈! (이사영―전라북도 익산군 삼지면)[40]

면담자 선생님이 기억하시는 울릉도에 대해서 좀 말씀해주십시오.

구술자 지금 울릉도하고 제가 찰〔살〕았던 울릉도는 판이합니다. 제가 자랐던 울릉도는 지금 없습니다. 근데 내 마음속에만 남아 있는데. 왜 그〔러〕냐면 그 당시에는 자전거도 없어요. 사람들 전부 걸어다니거나 배를 타고 다니니까. 진짜 청정지역이지요. 근데 지금은 개발한다 해가지고 자연환경도 훼손하고 지금은 차도 너무 많아가〔서〕 소음 공해 심하고 그래.

지금 울릉도는 옛날 울릉도가 아닙니다. 저는 그렇게 봅니다. 저는.

면담자 그럼 선생님 어릴 때는 차가 아예 없었던 거예요?

구술자 자전거도 없어서 저는 지금 자전거도 못 타요.

면담자 어렸을 때 자전거를 전혀 배우질 못해서…

구술자 없었어요. 그냥 자전거를 탈 줄 몰라가지고요. 서울 살 때 그 자전거 배우려고 동사무소에서 자전거 회원 그걸 하라 해서 갔더니 그때 내가 50 몇 살이었는데 가서 인자[인제] 남자들은 나밖에 없고, 3-40대 여자 들이 쭉 왔는데 '아저씨는 이때까지 자전거도 안 배우고 뭐 했어요?' 그 래가지고 챙[창]피스러갖고 그 뒤로 못 갔어요. 그래[서] 아직도 자전거 를 탈 줄 모릅니다.

면담자 그럼 예전에는 제가 아까 쉬는 시간에 여쭤보고 했을 때 농사짓는 분들도 있잖아요? 울릉도 안에서도?

구술자 울릉도 안에서도 직접 밭 있고 논도 있어요. 지금은 논이 하나도 없 어졌어요.

면담자 지금은 아예 없고?

구술자 논에 인자[인제] 집이 들어서고 인자[인제] 우리도 논이 많이 있었거 든요. 그 당시에 논이 있으면 그때는 부잡니다. 예.

면담자 근데 그 자리에 다 지금 집들이 들어선?

구술자 집 들어선. 논은 인자[인제] 흔적도 없고, 밭에는 인자[인제] 옛날에 는 감자도 심고 옥수수도 심었는데 요즘은 전부 다 산채山菜를 심어요.

면담자 산채요?

구술자 산나물.

면담자 아 산나물이요.

울릉도 간첩단 조작 사건

구술자 산에서 나오는 게 인자〔인제〕 전부 다 인제 농가에서 재배합니다. 그래
〔서〕 맛이 다르죠. 산은 자연산이고 요〔이〕는 인제 이건 농작물이니까.
비료 주고 거름 주고 하니까 맛이 다르죠.

면담자 그럼 울릉도에서 나는 농산물 중에서 유명한 게 있는 거예요?

구술자 제일 유명한 게 산마늘, 명이.

면담자 아 마늘, 산마늘이랑.

구술자 그다음에 또 부지깽이라고 있어요.

면담자 예.

구술자 부지깽이라 그래서 그 학술명은 잘 모르겠는데, 그는 맛이 참 좋아
요. 그 이장희가 울릉도에 있으면서 그 나오면서 부지깽이를 쓴 저〔데〕가
있거든요. 근데 부지깽이가 인제 4월 달에 나올 달 향이 참 좋습니다.

면담자 명이나물은 선생님 어릴 적에도 많이 드셨어요?

구술자 옛날에 우리가 자랄 때는 명이 그 산에 가면요.

면담자 예.

구술자 지척으로 쫙 깔렸어요. 인자〔인제〕 지금은 귀해요.

면담자 근데 요즘엔 많이 먹거든요. 서울 사람들도.

구술자 서울 사람 먹는데, 제가 짐작할 때는 자연산은 아마 아닐 거예요. 자
연산을 먹어야 진짜 맛이고. 명이가 세 가지가 있습니다. 울릉도 산에는
자연산, 밭에서 기르는 명이, 그다음은 가짜 명이, 중국에나 저쪽 오는
거. 고〔그〕건 잎이 얇아요. 그 한식집에 가면 나오는데 중국산입니다. 잎
이 얇고 노랗고.

면담자 중국산이고.

구술자 울릉도 밭에서 나는 그건 좀 나아요. 그건 맛이 좀 낫고. 제일 좋은

건 자연산이고. 값 차이는 많이 나죠.[41]

면담자 그[러]면 전씨들이 울릉도에 많은 편인 거죠?

구술자 우리 집안밖에 없지요. 전씨라고 할 것. 그 담[다음]에 먼 친척 조금
있고.

면담자 특별히 많은 성씨가 혹시 울릉도에 있나요?

구술자 울릉도에 정씨가 많을 거[야]. 정씨, 이씨. 예.

면담자 대체적으로 그[러]면 선생님 친척분들은 형편들이 좀 좋으신…?

구술자 괜찮은, 울릉도에서는 괜찮은 편이었지요. 울릉도에서는.

면담자 울릉도에서는 괜찮았고.

구술자 예.

면담자 그래서 형님 같은 경우도 인제 서울로 유학을…

구술자 그 당시 서울로 간다면 대단한 거죠.

면담자 그럼 공부도 잘해야 되고, 좀 집안에서 이렇게 재력도 좀 있어야…

구술자 그런데 인제 우리 삼촌이 뒷바라지해줬어요. (전국술―울릉도)

하지만 간첩 조작 사건으로 인해 투옥이 되고 난 후에 고향은 이들
에게 더 이상 '푸근함'을 느끼게 하는 곳이 아니었다. 간첩 조작 사건
이후 고향은 이들에게 냉정했고, 때로는 더 이상 고향에 머물 수 없게
하기도 했다.

울릉도는 선생이 떠나던 7년 전과는 많이 달라져 있었다. 항만도 생기고
택시들도 다니고 있었다. 관광객들을 위한 숙박업소와 식당들도 많이 들어
서서 장사하고 있었다. 조부모님과 부모님의 산소에 참배를 하였다. 살던

동네도 많이 달라져 있었다. 예전의 집들은 많이 헐리고 새로운 집들이 들어서고 있었고 정겹던 흙길은 시멘트 포장도로로 바뀌고 있었다. (전서봉)[42]

살아가는 일이 정말 쉽지 않았다. 출소 이전에 가졌던 마음의 상처, 절망감, 패배감 등은 출소 후 산에 다니면서 대부분 치유하였으나 거듭된 실패는 새로운 상처를 안겨주었다. 자신감은 점점 사라지고 있었다. … 그렇게 자괴감으로 괴롭고 의욕을 잃어가던 어느 날 그동안 까맣게 잊고 지내던 고향에 갈 일이 생겼다. 오랜 수형 생활로 고생하신 둘째 매부(손두익)의 진갑 잔치가 열린다는 것이었다. … 한때는 원망하기도 하던 고향이었다.[43]

면담자 91년에 울릉도를 방문하시잖아요?

구술자 91년도? 손 자형(손윗 매형: 손두익) 회갑 때 아마 갔을 거예요. 하루 자고 왔어요.

면담자 그 전에는 혹시 울릉도 가고 싶으신 마음…?

구술자 갈 생각도 못 했고, 시간도 없었고. 그러[리]고 다 친척들이 나가버리고 하니까. 갈 수가 없죠. 가고 싶어도 못 가는 거죠. 그러니까 요즘 내가 자주 가잖아요. 니[너희]들이 날 못 보게 했는데, 내가 인제 내 맘대로 되니까라고. 한 푸는 거지 이제.

면담자 그때 울릉도 방문하셨을 때.

구술자 예.

면담자 그 상황이나 이런 것들을 좀 말씀해주시면 좋을 것 같은데. 친구들은 있었던 거잖아요?

구술자 친구 내가 한 친구를 만났죠. 그 친구는 그 전에 서울에서도 한번 만났는데. 그때 딱 가가[가서] 그때도 인자[인제] 출생은 서울에서, 우리 중학교 동기 네 명을 만날 때 그 친구가 서울에서 같이 만났는데. 울릉도 가서 그 친구를 만나니까 '아이고 누구 온다' 그러[라]는데 그러고 보니 이게 또 당황하더라구요. 아 참 나를 피하는구나 싶어 가지고. 그러고는 내가 인자[인제].

면담자 아무래도 그 지역사회에서의 눈이 있었던 거군요.

구술자 그럼요. 그럼요. 예. 지금도 요[여기] 울릉도 내가 가면 모른 척하고 인제 이렇게 얘기하다 보면요. 울릉도 간첩단 얘기를 해요.

면담자 사람들이 아직도 그 얘기를 해요?

구술자 아이고. 울릉도 간첩단 얘기를 한다니깐[까]요. 내가 예를 들어가[서] 며칠 전 울릉도에 지냈는데. 이건 인제 손 자형 얘기하면서, 그 아들이 인제 포항에서 울릉도 모임회 인제 회장 하는데. 인제 얘기하다가 내가 손 자형을 잘 안다 그라니[그러니까] '손두익 씨 간첩 그거 간첩 아인교[아닙니까]?' 그러면서 오만 낭설 있죠?

면담자 그러니까 손두익 선생님이 간첩이라고…

구술자 손두익이가 간첩으로 보면서 뭐 이북으로 막 들락날락하면서 오징어를 많이 잡아다니. 우리 삼촌 이름이 전석봉이거든요. 전석뱅이랍니다. 그 뱅이라는 거는 낮차[춰] 부르는 거잖아요. '전석뱅이는 의사라하면서도 방어 잡아서 나가면서 거[기]서 뭐 연락을 하고' 이렇다느니 뭐. 그기[게] 그런 얘기를. 그렇게 안즉도[아직도] 낭설이 아주 그대로 이렇게 퍼지고 있더라구요.

면담자 근데 이제 그때 가셨을 때 그 친구분 아까 얘기도 좀 하시고 그랬는데.

구술자 예.

면담자 고향이지만 좀 나한테는 모질구나라는 생각…

구술자 모질고 또 너무 변해 있고.

면담자 풍경도 인제 많이 변해 있고.

구술자 변해 있고 차도 많고, 사람도 옥신거리고, 낯선 사람이 더 많고.[44]

그럼에도 불구하고 피해자들은 고향에 다시 돌아가기를 기원했으며, 다시 고향이 자신을 품어줄 날을 기대했다. 전서봉의 경우 교도소에서 7년 동안 모은 50만 원과 자녀들이 보태준 돈으로 작은 낚싯배를 한 척 구입하고, 빈집을 하나 얻어 생활을 시작했다. 태어나 살아온 땅이 자신을 다시 받아들여 주기를 간절히 소망했다.[45] 전국술도 다음과 같이 자신의 마음을 표현했다. "… 그런 원망으로 애써 잊고 지내던 울릉도에 갈 생각을 하니 애꿎은 울릉도를 원망하던 날을 잊은 사람처럼 불현듯 고향이 그리워졌다. 그리워 가고 싶던 곳을 애써 외면하며 살아온 날들이 바람에 마른 재 날리듯 사라지고 늘 그리워했던 것처럼 모든 것이 눈앞에 펼쳐지는 듯 보고 싶었다."[46] 면담과정에서도 이런 모습이 자세히 나타났는데 그 내용은 다음과 같다.

면담자 어릴 적 기억하시는 고향이 이제 선생님 기억 속에만 있고 더 이상 인제 없어요?

구술자 없어요.

면담자 많이 서운하세요?

구술자 서운하지요. 지금 가면은 나는 눈 감으면 옛날 그 바위나무, 동백나무 그런 것 생각하는데 지금 흔적도 없으니까.

면담자 그럼 가끔 울릉도 가시면은 주로 뭘 보고 오시는 거예요?

구술자 고향산천.

면담자 예.

구술자 고향산천, 바닷가. 내가 다녔던, 보면 나는 기억력이 좋은 편이가가 〔라서〕 여기서 누굴 만났다 어디서 뭐를 했다 그런 어릴 때 기억, 그런 걸 하면서. 이제 옛날에는 걸어다녔는데 요즘 버스가 한바꾸〔바퀴〕 돌잖 아요. 그럼 버스 한번 타고 빙 돌면 마음이 편안해요. 바닷길 옛날 보던 바위가 그냥 있으면 반갑고, 아 여〔이〕 놈은 아직 살아 있구나. 개발이 돼 가지고 없어지지도 않고. 지금도 살아 있는 친구처럼 고〔그〕렇게 느 끼는. 고〔그〕게 인〔제〕 나는 좋아. 그런 게.[47]

위에서 살펴본 것과 같이 고향은 원래 사람들에게 '푸근함'을 주며 말년에 다시 돌아가고 싶은 곳이었다. 하지만 고향에 사는 사람들은 간첩 조작 사건으로 피해를 당한 사람들에게 생채기를 내기도 했다. 그 과정에서 고향에서 버티지 못하고 떠나는 피해자도 생겨났다. 하 지만 고향을 피했던 피해자들도 평생 고향을 그리워했고, 그리운 마 음에 다시 돌아가 살거나 시간이 날 때마다 방문을 하곤 했다. 그 과 정에서 고향은 간첩 조작 사건 피해자들의 몸과 마음의 생채기를 어 루만져주는 역할을 했다.

이 글에서는 울릉도 간첩단 조작 사건의 피해자들이 당한 여러 피 해 중 사법적인 형벌 이후 나타난 다양한 피해들을 살펴보고자 했다. 불법구금, 고문, 사법적인 형벌의 부당성에 대해서는 이미 진실·화해 를위한과거사정리위원회의 활동이나 재심 과정을 거치면서 많은 부분 다루어졌고, 다른 국가폭력에 대한 사건들이 다루어지는 과정에서 많은 부분 밝혀지기도 했고 다루어지기도 했다. 하지만 '간첩'이 된 후의 다양한 피해에 대해서는 아직까지 주목되지 않았고, 법적으로 보상의 영역도 아니었기 때문에 상대적으로 관심의 대상이 되지 못했다.

따라서 이 글에서는 울릉도 간첩단 조작 사건의 피해자들을 중심으로 간첩 조작 사건의 피해자들에게 가해진 피해로서 사회적인 낙인, 보호관찰로 인한 여러 가지 불합리한 피해, 연좌제로 인한 공적 영역 및 사적 영역에서 가해진 피해 등 다양한 피해들을 살펴보았다. 그 과정에서 피해자들이 가족들에게 느낀 감정을 같이 살펴보았다. 이 글에서 가족에게 느낀 감정과 더불어 살펴보고 싶었던 것은 고향에 대한 감정이었다. 일반적으로 고향은 푸근함을 느끼게 하는 곳이었다. 하지만 한국 사회에서 '간첩'이 되어버린 피해자들에게 고향은 냉정한 곳이 되어버렸고, 심지어는 머물 수 없는 곳으로 전락했다. 이런 상황에서 피해자들은 고향을 원망하면서도 계속해서 그리워했다. 그리고 오랜 시간이 지나고 난 후에는 고향이 피해자들의 몸과 마음에 난 생채기를 어루만져주는 곳이 되기도 했다. 이런 복잡한 고향의 모습을 그들의 목소리를 통해 드러내고자 했다.

제8장

진실·화해를위한과거사정리위원회의 재심 권고와 사법부의 재심 재판

김정인

1. 머나먼 길의 종착점, 진실·화해를위한과거사정리위원회의 재심 권고

울릉도 간첩단 사건으로 18년간 옥살이를 해야 했던 이성희는 서울 지방법원으로부터 사형 선고를 받은 후 법원에 제출한 탄원서에서 이렇게 호소했다.

> 모두 중정에서 취조받을 때 피고인과 수사관 사이에서 대화 중 책상머리에서 만들어진 범죄입니다. (이성희 탄원서, 1974. 11. 17.)

당시 전북대 교수였던 이성희는 이렇게 간첩이 조작되던 시절에 간첩으로 만들어졌다. 그는 1964년 일본 도쿄대 수의학과 대학원에 유학해 1967년 박사학위를 취득했다. 이때 이리농림학교 후배로서 일본에 살고 있던 이좌영으로부터 학비 등을 매달 지원받았다.[1] 그는 박사학위 취득 직후인 1967년 10월 31일부터 11월 4일까지 북한을 다녀왔다. 그리고 11월 29일에 귀국했다. 이성희는 그로부터 7년 후인 1974년 2월 15일 중앙정보부에 연행되어 조사를 받고 한 달 만인 3월 13일에 서울지방검찰청에 송치되었다. 그해 7월 24일 서울형사지방법원에서 국가보안법과 반공법 위반, 그리고 간첩죄를 이유로 사형을 선고받았고, 1974년 12월 9일 서울고등법원에서 무기징역으로 감형되었다. 이듬해인 1975년 4월 8일 대법원에서 상고가 기각되어 형이 확정되었다. 1988년 2월 25일에는 20년형으로 감형되었다. 그렇게 18년간 옥고를 치르고 1991년 2월 출소했으나 보안관찰을 받아야 했다.[2]

세상 빛을 보고도 15년이 흐른 2006년 7월 26일 이성희는 80세의 나이로, 불법구금된 상태에서의 고문과 가혹행위로 인한 허위자백을 근거로 간첩행위 등이 조작되었다며 진실·화해를위한과거사정리위원회(이하 진실화해위원회)에 진실규명을 신청했다. 진실화해위원회는 '이성희에 대한 간첩 조작 의혹 사건'[3]에 대한 조사를 마치고 2010년 6월 30일에 "불법구금, 가혹행위 부분은 진실규명, 일부 범죄사실은 진실규명 불능이므로 일부 진실규명"이라고 주문하는 결정서를 내놓으며 다음과 같은 결론을 내렸다.

이 사건은 신청인 이성희가 1960년대 중반 일본에 유학하면서 북한을 방문한 사실이 있는데, 재일교포 실업가 이좌영과 친분을 가진 점과 북한을 방문했던 일이 빌미가 되어 수사기관에 체포되어 불법구금, 가혹행위를 받았고, 이후 간첩죄 등으로 기소되어 무기징역의 중형을 선고받은 사건이다.[4]

울릉도 간첩단 조작 사건

그것은 곧 재심사유에 해당한다는 결정이었다.

중앙정보부가 신청인을 영장 없이 불법연행하고, 구속영장이 발부될 때까지 14일간 불법구금한 채 구타 등 가혹행위를 가한 것 등은 각각 형법 제124조 불법체포감금죄, 제125조 폭행, 가혹행위죄에 해당하며 형사소송법 제420조 7호[5] 제422조[6]가 정한 재심사유에 해당한다.[7]

하지만 범죄사실 조작 여부에 대해서는 진실을 밝힐 수가 없음을 천명하고, 다음과 같이 권고했다.

국가는 중정이 수사과정에서의 불법구금 및 가혹행위를 가한 점에 대하여, 신청인과 그 가족에게 사과하고 형사소송법이 정한 바에 따라 화해를 위한 조치를 취하는 것이 필요하다.[8]

진실화해위원회의 이 권고로 마침내 울릉도 간첩단 사건에 대한 재심의 길이 열렸다.

이 글에서는 진실화해위원회에 진실규명을 요청한 이성희에 대한 조사와 사법부의 재심 과정에 대한 분석을 통해 울릉도 간첩단 사건의 재심 과정을 조명해보고자 한다. 이성희를 시작으로 울릉도 간첩단 사건에 연루된 32명이 재심을 받았고, 대부분이 무죄를 받거나 일부 무죄, 일부 면소 판결을 받았다. 이성희의 경우는 북한을 방문한 사실만을 제외하고 나머지 부분에 대해 모두 무죄 판결을 받았다.

2. 진실·화해를위한과거사정리위원회의 조사

진실화해위원회는 '이성희에 대한 간첩 조작 의혹 사건'에 대한 조사 근거로 두 가지를 제시했다. 첫째, 이성희가 중앙정보부 수사관들에 의해 불법구금된 채 구타, 물고문, 잠 안 재우기 등의 가혹행위를 당하여 그 실체가 조작되었다는 것이므로 '진실·화해를 위한 과거사정리 기본법' 제2조 제1항 4호, 즉 "1945년 8월 15일부터 권위주의 통치시까지 헌정질서 파괴행위 등 위법 또는 현저히 부당한 공권력의 행사로 인하여 발생한 사망·상해·실종사건, 그 밖에 중대한 인권침해사건과 조작의혹사건"[9]에서 규정한 진실규명의 범위에 해당한다고 보았다.

둘째, 수사관들의 불법구금, 가혹행위 등은 형사소송법 제420조 7호, 제42조가 정한 재심사유에 해당하므로 '진실·화해를 위한 과거사정리 기본법' 제2조 제2항, 즉 "제1항의 규정에 의한 진실규명 범위에 해당하는 사건이라도 법원의 확정판결을 받은 사건은 제외한다. 다만, 제3조의 규정에 의한 진실·화해를위한과거사정리위원회의 의결로 〈민사소송법〉 및 〈형사소송법〉에 의한 재심사유에 해당하여 진실규명이 필요하다고 인정하는 경우에는 예외로 한다"[10]의 요건을 충족한다고 보았다.

이러한 조사 근거에 따라 진실화해위원회는 진실규명 과제로 첫째, 불법구금 여부, 둘째, 가혹행위 여부, 셋째, 범죄사실 조작 여부를 선정했다. 불법구금에 대해서는 이성희가 1974년 2월 3일 중앙정보부에 영장 없이 강제연행되어 3월 6일 구속영장이 집행될 때까지 수십 일간 불법구금 상태에 있었으므로 조사가 필요하다고 보았다. 가혹행위에 대해서는 이성희가 중앙정보부 수사관들에 의해 간첩행위를 했다는 자백을 강요받으면서 잠 안 재우기, 도구에 의한 구타 등의 가혹행위를 당했다고 하므로 조사가 필요하다고 보았다. 범죄사실 조작 여부에 대해서는 이성희가 중앙정보부 등 수사기관에 의해 불법구금, 고문 및 가혹행위를 당하여 월북 사실을 빌미로 간첩행위를 한 것으로 조작되었다고 하므로 이에 대한 조사가 필요하다고 보았다. 다만 이성희가 자신이 북한에 다녀온 사실에 대해서는 재판 과정에서부터 진실화해위원회 조사에 이르기까지 인정하고 있다는 것을 이유로 진실규명 대상에서 제외했다.

진실규명을 위해 먼저 방대한 자료 조사가 이뤄졌다. 서울지방검찰청 기록관리과가 보존하고 있는 수사 및 재판기록 총 94권과 국가기록원이 보존하고 있는 서울지방법원(1974. 7. 24.), 서울고등법원(1974. 12. 9.), 대법원(1974. 4. 8.)의 판결문을 검토했다. 다음으로 진술조사에서는 이성희와 함께 울릉도 간첩단 사건에 피고인이었던 12명, 참고인 12명, 수사관 3명을 조사했다.

진실화해위원회는 이와 같은 조사를 거쳐 먼저 불법구금 여부에 대한 다음과 같은 결과를 내놓았다.

신청인은 14일 동안 영장 없이 불법구금된 상태에서 조사받은 사실을 인정할 수 있다.[11]

1974년 2월 15일 새벽 이성희는 '이좌영의 관련 인물로 입북했다가 우회침투했다는 첩보에 따라' 중앙정보부에서 나온 세 사람에 의해 중앙정보부 전주분실로 임의동행 형식으로 연행되었고 2월 28일에 영장이 발부되어 서울구치소에 입감되었다.

이러한 불법행위에 대해 수사관들은 진실화해위원회 조사에서 당시에는 관행이었다고 주장했다.

조금 며칠 조사를 받았던 것은 기억합니다. 그때는 그런 것을 엄격히 따지고 하지 않았습니다. 하나라도 더 범죄사실을 자백받기 위해 노력하다 보니 기일을 넘기거나 영장을 받지 못하는 경우도 있었던 것이 사실입니다. … 영장도 심사해 보고 물건이 된다고 판단되면 그때야 (영장을) 받기도 하고 했습니다. 법을 집행하는 검찰에서 다 영장을 청구해주고 법원에서도 발부해주고 했는데, 지금에야 불법이라고 하지만 그때에는 그런 것이 문제되지 않았습니다. (수사관 차○○)[12]

영장 없이 연행하여 조사하다가 피의자가 범죄사실에 대해 자백을 하면 영장을 청구하여 집행하였다. (수사관 김○○)[13]

둘째, 가혹행위 여부에 대해서는 다음과 같은 결론을 내렸다.

신청인은 수사과정에서 고문 등 가혹행위를 당했다고 인정된다.[14]

가혹행위 인정에 대한 근거로는 첫째, 이성희를 비롯한 피해자들의 물고문, 구타 등 가혹행위에 대한 구체적이고 일관성 있는 진술,

울릉도 간첩단 조작 사건

둘째, 영장 없이 연행되어 외부와 단절된 채 여러 날 동안 불법구금 상태에 있었던 점, 셋째, 구체적인 물증 없이 자백 위주로 수사가 진행된 점, 넷째, 중앙정보부 참여 수사관의 폭행 진술, 다섯째, 구치소 송치 후 중앙정보부 수사관이 찾아와 조사하여 중앙정보부에서의 억압된 심리가 지속되게 한 점, 여섯째, 검찰 조사 시 중앙정보부 수사관이 입회했다는 당시 피의자와 수사관의 일부 진술 등을 들었다.

이성희를 비롯한 울릉도 간첩단 사건의 피고인들은 진실화해위원회 조사과정에서 중앙정보부에서 당한 가혹행위에 대해 일관되고 상세하게 진술했다.

(중앙정보부 전주분실) 1미터 정도의 몽둥이로 사정없이 구타하더니 권총을 보여주면서 '사실대로 이야기하면 학생들 눈치 못채게 풀어준다. 분명히 뭔가 더 있으니 빨리 진술해라, 그렇지 않으면 죽을 수도 있다'고 협박하는가 하면, 며칠간은 새벽부터 침대에서 자고있는 저를 깨워 잠을 못자게 계속 흔들거나 콕콕 찌르는가 하면, 여학생같이 유순하고 예쁘장하게 생긴 남자가 '빨리 사실대로 진술하라, 그렇지 않으면 사모님도 같이 묶여 들어올 수 있다. 그럼 애들은 어떡하느냐, 혼자서 다 책임을 져야 할거 아니냐'는 애기를 했고 동시에 옆방에서 여자 우는 소리가 나서 집사람이 와서 당하는 것이 아닌가 하는 두려움을 느끼기도 했습니다. (이성희)[15]

(중앙정보부 남산분실) '당신 동생의 옷을 벗게 해야 하는데 아직 결정이 안되었으니 협조를 잘해라'라고 하여 저를 회유하기도 했습니다. 그다음 날은 새벽부터 지하실의 3~4평짜리 방으로 데려갔는데 … 방으로 건장한 청

년 3-4명이 장작더미를 들고와서 바닥에 깔더니 자기들끼리 이북말로 몇 마디 주고받고 나서 저에게 그 장작더미 위에 무릎을 꿇고 앉으라고 했고 야전침대에서 각목을 빼서 그 청년들이 고대로 저의 머리를 제외한 온몸을 때리기 시작했습니다. … 그렇게 맞은 지 30분 정도 내지 1시간 정도가 흘렀고 하도 맞아 정신이 반쯤 나갔으며 온몸은 피와 내복이 엉겨 붙어있는 상태였습니다. (이성희)[16]

주로 묻는 것은 형 이좌영과 만나서 무슨 이야기를 했느냐는 것입니다. 실제 저와 형님과 단둘이 만나서 이야기를 한 적도 없고 또 특별한 대화를 한 것도 없다고 사실대로 진술했습니다. 그러자 수사관들이 '여기 와서 이상한 소리를 한 것 아니냐'고 해서 그런 것 못 들었다고 하자 거짓말한다며 구타하기 시작했습니다. … 그냥 손으로 때리고, 발로 차기도 하고, 무릎 뒤에 각목을 끼워 넣고 꿇어앉히고는 밟기도 하고 별짓 다했습니다. 그리고 손을 의자에 묶어놓고 얼굴에 수건을 뒤집어씌운 뒤 주전자로 얼굴에 물 붓는 고문도 여러 번 당했습니다. 물고문을 당했을 때는 기절하기도 해서 정신을 차려보면 의사가 와 있었습니다. (이사영)[17]

남산에서 조사를 받았던 것을 떠올리기도 싫을 정도로 끔찍하다. 남산에 도착하자 나를 지하 조사실에 감금하더니 잠을 안 재우기 위해서인지 주로 밤에만 조사를 하였다. 하도 잠을 안 자서 그런지 나중에는 낮인지 밤인지도 헷갈릴 정도로 정신이 없었다. 그렇게 잠을 안 재우는 것을 기본으로 조사 중간 중간 내가 부인하거나 제대로 조서를 작성하지 않을 경우에는 각목으로 온몸을 구타하기, 무릎 사이에 각목을 끼운 채 꿇게 하여 장딴지 밟

울릉도 간첩단 조작 사건

기를 하였고 남산에 도착한 지 이틀 뒤부터는 물고문을 하였다. 수사관들 두세 명이 나의 얼굴을 물속에 쳐 넣거나 아니면 얼굴에 수건을 덮고 물을 붓는 고문을 하였다. 고문 중에 제일 견디기 힘든 것은 발가벗겨놓고 고무 호스로 때리는 것과 침대에 눕혀놓고 수건을 코와 입에 대고 물을 붓는 물고문이었다. 그렇게 조사 중 고문을 한 다음에는 의사가 와서 맥박을 재고 약을 바르는 등 죽지 않게 조치를 하였다. (최규식)[18]

남산에서 한 일주일 정도를 있었는데 잠을 재우지 않고 조서를 계속 쓰게 했다. 졸고 있으면 깨워서 다시 쓰게 하고, 잠을 재우지 않고 조서를 쓰게 하는 일이 제일 고통스러웠다. 엎드려뻗쳐를 시켜놓고 몽둥이로 허벅지를 수도 없이 때렸고 무릎을 꿇게 하고는 위에서 발로 내리찍는 것이 주였다. (유창렬)

이문동에서 이틀 정도를 재우지 않아 정신이 없는데 이좌영에 대해 얘기하면서 무슨 얘기를 하고 들었느냐고 물었습니다. 그래서 사실 그대로 '몇 번 만나서 밥 먹고 그냥 사람 사는 얘기를 나눴다'고 진술했더니 '지하실에 가면 독사가 우글거리는 방이 있는 데 그곳으로 가봐야 정신을 차리겠느냐'며 협박을 했습니다. 잠도 재우지 않아 비몽사몽인데 그런 말까지 들으니 그곳에서 나가기 위해서는 듣지 않은 얘기도 들었다고 하고 싶을 정도로 공포감을 많이 느꼈습니다. (이태영)[19]

나는 '이○○'(수사관)이 지옥에 가라고 명복을 빌고 싶을 정도로 (이○○으로부터) 지독하게 고문을 당했다. 조사받을 때 주먹으로 얼굴을 너무 많이 맞았고, 30센티미터짜리 자로 얼굴을 맞아 많이 부었다. 주먹으로 맞으니 입안이 모두 터졌고, 잇몸이 전부 터져 늘 입안에 피가 고였다. 그래서 나중에 구치소에 가니 치아가 5~6개 빠져서 구치소 의무관이 틀니를 해 넣어 주었다. 그리고 미군 담요를 물에 적셔서 얼굴만 덮고는 수사관들이 온몸을 구타했다. 담요 때문에 숨을 쉴 수가 없었고, 너무 괴로워서 소변을 다 지릴 정도였다. 그리고 각목을 무릎 뒤쪽에 끼워 넣고는 앉게 하고 허벅지 위에 올라타서 밟았다. 그때도 다리가 좋지 않았는데 그때 그렇게 당하고 나서는 다리를 완전히 쓰지 못했다. (손두익)[20]

검찰 송치 이후에도 중앙정보부 수사관이 조사과정에 입회해 폭행을 가하는 등 중앙정보부에서의 고문을 비롯한 가혹행위에 대한 공포로 위축된 피고인들을 압박했다.

서대문 구치소에서도 정보부 사람이 찾아와서 저를 구타하였습니다. 구치소에서는 교도관 입회하에서만 만날 수가 있어, 보안과장 입회하에 정보부 수사관이 저를 보안과장 소파에 앉혀놓더니 저의 제자 중 진아무개를 아느냐고 물어봤고 저의 하숙집을 다녀갔다는 소리를 하여 제가 사진이라도 보여주면 기억할 수 있겠다고 하자, 갑자기 중앙정보부 사람이 일어나더니 얼굴을 제외한 온몸에 발길질을 해대며 이런 놈은 죽여버려야 한다는 말을 했습니다. 그러면서 이놈의 새끼가 뭘 처먹었길래 화색이 좋다며 또 발길질을 해댔습니다. (이성회)[21]

이창우 검사가 아침부터 성을 내더니 '당신은 정보부에선 얘기를 다 하더니 여기 와서는 부인하느냐, 이북에 갔다온 것만 인정하고 나머지 사실들은 왜 부인하느냐 하며 비둘기통에서 밥먹고 오후에 다시 오라'고 해서 제가 나가면서 옆의 교도관에게 물어봤더니 교도관이 '날짜는 다가오고 당신이 자꾸 부인하니 화가 난 것 같다'라고 하여 오후에 저는 이창우 검사에게 가서 '내 나이 49세며, 오래 산 거라고 생각하고 하고 싶은 대로 했다고 생각한다. 농촌사람이 대학교수도 하고, 학위도 따고 이북사람들의 수뇌부도 만났으니 이제 그만 살아도 된다는 각오를 했으니 검사님 일하기 좋게 조서를 꾸미라'고 했더니 이창우 검사는 '참말이냐, 고맙습니다'고 하더니 바로 타이핑을 하였고 … 저는 '읽어볼 필요가 없다'며 무인을 찍고 '알아서 하라'하고 말았습니다. (이성희)[22]

한번은 검사 조사시 이○○이 아닌 다른 중정 수사관들이 찾아와 검사실에서 조사받는 동안 있다가 간 적이 있다. 그리고 검사가 나에게 '자꾸 부인하면 사건을 중정으로 돌려보내 다시 조사 하겠다'는 말을 했다. (손두익)[23]

진실화해위원회는 1974년 당시 피고인들의 항소이유서, 탄원서, 답변서 등에 나타난 가혹행위에 대해서도 조사했다. 김영권은 답변서에서 "사실은 중정에서 취조받는 동안 심한 고문을 참지 못하고 허위사실을 자백하였던 것"이라고 밝혔다.[24] 이사영 역시 탄원서에서 진술서에 기재된 내용은 "육체적 고통 때문에 반공교육이나 반공 연설 등에서 얻은 말을 생각나는 대로 허위진술했으며, 그때는 하루속히 중정을 떠나고 싶은 일념에 그랬던 것"이라고 주장했다.[25] 홍봉훈은 항소이유서에서 서울구치소 수감 이후에도 중앙정보부 수사관으로부터 진술을 번복하지 말라는 협박을 받은 사실을 적시했다.

1974년 3월 25일 구치소 소장실 옆방에서 김영수 검사로부터 취조를 받을 때 사실대로 사건 경위를 진술하면서 중정에서의 진술 사항은 사실무근이라고 부인하였더니 취조를 후일로 미루었고, 피고인이 방으로 돌아와서 있자니까 오후 5시경에 다시 호출되어 가본 즉 중정에서 피고인을 담당한 취조관이 다른 작은 공방으로 피고인을 연행하고 중정에서 진술한 사항을 부인하면 다시 중정으로 연행하겠다면서 발길로 차고 하기에 피고인은 다시 중정에서 취조를 받는 것이 죽음 이상으로 괴롭고 두려워 검사 취조 시에 중앙정보부에서의 진술을 부인하지 않겠다고 말하고 같은 해 3월 27일, 3월 29일, 4월 1일에 걸쳐서 검사취조를 받은 사실이 있다.[26]

이을영 역시 "중정에 다시 가서 조사받을까봐 조사받은 대로 맞다고 진술했다"고 재판에서 밝힌 바 있었다.[27]

이와 같은 가혹행위에 대해 수사관들은 진실화해위원회 조사에서 부인하지 않았고 다음과 같이 진술했다.

처음에야 부인하지만 받아내는 방법이 있습니다. 저 같으면 그런 경우는 절대로 놓치지 않고 끝까지 진술을 받아냅니다. 지난번 의문사위원회에서 나에게 '고문 안 하느냐'고 물어봐서 '고문 안 하는 사람이 어디 있느냐, 잠을 안 재우고 하는 방법도 고문이다. 몰지각하게 때리고 하는 고문은 안 한다'는 답변도 했습니다. 수사기관에서 고문 안 한다는 것이 말이 됩니까. … 담당 수사관에 따라 고문이 행해지기도 합니다. 고문을 안 한다고 하면

거짓말입니다. 어떤 경우에 고문을 하느냐 하면 피의자가 자백을 하긴 했는데 뭔가 더 있다는 것을 알 때 합니다. 고문도 하는 사람마다 다 다릅니다. 물고문도 눕혀서 하는 사람이 있고, 의자에 앉혀놓고 하는 사람이 있고, 뭐 정말 후려 패거나 물에 처박는 수사관도 있지만 나의 경우에는 패는 시늉만 하지 진짜 패진 않았고, 의자에 앉혀 고개를 뒤로 젖히고 수건을 코와 입에 덮은 후 주전자로 물을 한두 번 이마에 부어서 겁만 주는 정도는 하였습니다. 만약 입에 물을 부으면 숨을 못 쉬게 되므로 말을 안 할 수가 없습니다. (수사관 차○○)[28]

매에는 장사 없다. 아무리 말 안하고 있다가도 때리고 나면 다들 예, 예하며 고분고분해진다. 그러면 그것을 범죄사실로 확정하게 되는 것이다. (수사관 장필식)[29]

"당시 그것(구타)은 수사 절차상의 당연한 행위였을 것이다. 억울하다고 주장하는 것은 피의자들의 변명일 뿐이다. 자백하지 않을 경우에 자백을 유도하기 위해 물리적 행위는 어쩔 수 없이 해야 된다. 그러면 순순히 자백을 하게 되고, 사건조사가 진행되면서 증인이나 참고인 조사도 원활히 진행되는 법이다. 잠 안 재우기, 벽보고 세워놓기, 밥 안주기 등은 통상적인 것이다. (수사관 김○○)[30]

셋째, 범죄사실 조작 여부를 판단하는 데는 네 가지 쟁점이 있었다. 이좌영이 반국가단체의 구성원 또는 그 지령을 받은 자인지 여부, 이성희의 회합·통신 여부, 편의제공 여부, 이성희가 간첩행위를 하였는지 여부 등이 그것이다. 먼저 이좌영이 반국가단체의 구성원 또는 그 지령을 받은 자인지의 여부에 대해서 진실화해위원회는 다음과 같은 결론을 내렸다.

신청인은 법원과 진실화해위원회 진술에서 이좌영이 조총련이라는 것을 알지 못하고 민단회원으로 알고 있었다고 진술하였고, 참고인 최규식, 이태영, 백영기는 공판에서 이좌영이 조총련임을 알지 못했다고 진술하였다. 이좌영, 이좌영의 가족, 이좌영 회사 직원 양동수 등은 이좌영이 조총련이거나 반국가단체 구성원이라는 공소사실을 부인하였다. 그러나 현재 이좌영의 사망 등으로 인하여 추가 조사할 수 없는 상태에서 이좌영이 반국가단체 구성원인지 여부 및 신청인이 이좌영의 신분을 알고 있는지 여부 등을 밝힐 수가 없기 때문에 이 부분 범죄사실이 조작되었다고 단정할 수 없다.[31]

진실화해위원회가 이좌영이 반국가단체의 구성원 또는 그 지령을 받은 자인지를 조사한 것은 회합, 통신 및 편의제공과 관련한 이성희의 혐의가 국가보안법상 그 상대방이 '반국가단체의 구성원 또는 그 지령을 받은 자'일 것을 범죄 구성 요건으로 하고 있으므로 결국 이좌영이 '반국가단체의 구성원 또는 그 지령을 받은 자'에 해당하는지의 여부가 이성희의 범죄사실 성립에 직접적인 연관성을 갖고 있기 때문이었다. 이성희는 울릉도 간첩단 사건 당시 서울지방법원의 1심 재판에서 이좌영이 간첩이라는 사실을 몰랐다고 진술했다. 그리고 진실화해위원회 조사에서는 "재일동포는 조총련이나 민단, 둘 중에 하나를 가입해야 했던 것으로 알고 있는데 이좌영이 한국에 귀국시 자유스럽게 왕래하는 걸 보아서 민단으로 알고 있습니다"[32]라며 이좌영이 조총련이라는 사실을 알지 못했다고 진술했다. 진실화해위원회는 조사에 참여한 관련자들이 이좌영이 조총련 구성원임을 부정했지만, 그가 사망한 상태라는 이유로 본인에 대한 추가 조사가 어렵기 때문에 범죄사실이 조작되었다고 단정하기 어렵다는 결론을 내렸다.

두 번째 쟁점인 이성희의 회합·통신 여부에 대해서도 진실화해위원회는 범죄사실이 조작되었다고 단정할 수 없다는 결론을 내렸다.

> 신청인은 당시 공판과 진실화해위원회에서 이좌영을 만난 것은 안부차 만난 것으로 지령을 주고받지 않았다고 진술하고, 참고인 백영기 역시 연구생활에 대한 대화만 나누었을 뿐이라고 진술하는 등 신청인이 반국가단체의 이익이 된다는 정을 알면서 이좌영과 회합하였다고 볼 자료가 부족하다. 그러나 현재 이좌영의 사망 등으로 인하여 추가 조사할 수 없는 상태에서 신청인이 반국가단체의 이익이 된다는 정을 알면서 이좌영과 회합하였는지 여부 등을 밝힐 수가 없기 때문에 이 부분 범죄사실이 조작되었다고 단정할 수 없다.[33]

울릉도 간첩단 사건 당시 이성희가 '반국가단체나 국외의 공산계열의 이익이 된다는 정을 알면서 반국가단체 구성원 또는 그 지령을 받은 자와 회합 또는 통신 기타 방법으로 연락을 하였다'는 범죄사실에 대한 증거로는 이성희의 검사 작성 피의자신문조서, 법정 진술, 백영기의 사법경찰관 작성 진술조서 및 진술서, 라디오 1개 등이 제시되었다. 하지만 이성희는 서울지방법원 1심 공판에서 '이좌영과 자주 만난 것은 사실이나 간첩 목적으로 만난 것은 아니다'라는 취지로 진술했다. 진실화해위원회 조사에서도 일본에서 이좌영을 만난 것은 안부차 인사하기 위해 만난 것일 뿐이었다고 진술했다. 울릉도 간첩단 사건 당시 백영기는 중앙정보부 조사에서 이성희와 같이 이좌영을 그의 집에서 만났을 때 자신의 연구에 대한 대화만 했다고 진술했다. 이러한 자료 조사와 진술 조사에서 이성희를 비롯한 피해자들이 회합·통신 여부에 대해 부인했지만 진실화해위원회는 이좌영의 사망을 근거로 추가 조사가 불가하다며 조작 여부에 대한 판단을 하지 않았다.

세 번째 쟁점인 편의제공 여부에 대해서도 진실화해위원회는 범죄사실이 조작되었다고 단정할 수 없다는 결론을 내렸다.

신청인은 공판에서 범죄사실을 모두 부인하였고, 이사영 역시 공판 및 진실화해위원회 진술에서 이좌영과 관련 없는 범죄사실을 중정에서 억지로 맞춘 것이라며 부인하는 진술을 하였다. 신청인의 검찰에서의 진술 이외에는 편의제공과 관련한 범죄사실의 증거가 없기 때문에 이 부분 증거 자료가 부족해 보인다. 그러나 현재 이좌영의 사망 등으로 인하여 추가 조사할 수 없는 상태에서 편의제공 여부 등을 밝힐 수가 없기 때문에 이 부분 범죄사실이 조작되었다고 단정할 수 없다.[34]

이성희가 1970년 8월 이좌영에게 이삼희를 소개하고, 1973년 3월 하순 이사영에게 이좌영의 지시를 전달하여 편의를 제공하였다는 범죄사실에 대해 이성희 자신은 진실화해위원회에서 동생 이삼희를 이좌영에게 소개한 것은 일본에 있을 때 이좌영으로부터 많은 도움을 받

울릉도 간첩단 조작 사건

아 고마움을 표현하고자 함이었고, 이사영에게 이좌영의 말을 전달한 것은 당시 수사기관의 내사가 신한섬유 자금 관계인 것으로만 알고 있어서였다고 대답했다. 이사영은 진실화해위원회 조사에서 이 사실을 전해 들은 것을 인정했다. 그렇지만 진실화해위원회는 편의제공과 관련한 범죄사실의 증거가 없다고 보면서도 역시 이좌영의 사망으로 추가 조사가 불가하다는 이유로 범죄사실 조작 여부를 판단하지 않았다.

마지막 쟁점은 이성희가 간첩행위를 했는지의 여부였다. 이성희의 범죄사실은 그가 육군 장성으로 복무 중이던 동생 이삼희로부터 휴전선 경비상태, 남한의 감군문제 등을 탐지하여 이좌영에게 제보하였다는 것이었는데 증거로는 이성희의 법정 진술과 검사가 작성한 피의자신문조서밖에 없었다. 그에 대한 간첩죄 적용 법조항은 국가보안법 제2조, 제3조 1호, 형법 제98조이다. 이에 따르면 '반국가단체의 구성원 또는 그 지령을 받은 자'가 '목적수행을 위한 행위'를 하였을 때는 간첩죄로 처벌하도록 되어 있다. 따라서 이성희가 반국가단체의 구성원인지 또는 반국가단체의 구성원으로부터 지령을 받은 것인지의 여부와 탐지·누설과 같은 간첩행위를 했는지 여부가 쟁점이 된다.

먼저 이성희가 반국가단체 구성원 또는 그 지령을 받았는지의 여부에 대해 진실화해위원회는 현재까지 밝혀진 자료로 판단이 부족해 범죄사실이 조작되었다고 단정할 수 없다는 결론을 내렸다.

신청인은 과거 1심 공판으로부터 진실위원회 진술에 이르기까지 입북 사실을 인정하면서도 지령 수수사실을 일관되게 부인하고 있다. 신청인의 입북 사실 자체만으로 신청인이 반국가단체인 북한의 구성원이거나 그 지령을 받은 자라고 단정할 수 없지만, 현재까지 밝혀진 자료만으로 신청인이 반국가단체의 구성원이 아니거나 또는 그 지령을 받지 않았다고도 판단하기 부족하여 이 부분 범죄사실이 조작되었다고 단정할 수 없다.[35]

이성희는 울릉도 간첩단 사건 당시 중앙정보부 조사에서는 입북 시 노동당에 가입했다고 진술했으나 서울지방법원에서 열린 1심 공판에서는 "백지를 주고 인적사항을 쓰라기에 썼을 뿐인데 그것이 노동당 입당서인지는 모른다"고 진술했다. 그는 진실화해위원회 조사에서 중앙정보부 조사과정에서의 고문 및 가혹행위와 이에 따른 정신적 부담 때문에 허위자백을 했다고 진술했다.

제가 잘은 모르지만 (북한에) 3일 있는데 노동당 입당이 그렇게 간단한 것은 아닐 것으로 생각됩니다. … 수사관이 때리고 하면서 '북한에 갔으면 당연히 노동당에 입당했을 것 아니냐'고 하길래 매가 무서워서 할 수 없이 그랬다고 했고, 또 절차는 어떠냐고 하여 모른다고 하자 수사관이 종이에 주소, 가족관계, 학력 등 이력서를 제출해주지 않느냐고 하길래 그렇게 했다고 허위자백한 것입니다. 그래서 노동당에 입당했다고 조작된 것이죠.[36]

한편 이성희가 입북 시 지령을 받았는지의 여부에 대해 사건 당시 판결문에는 김일 부수상으로부터 "차근차근하게 사업을 진행하라"는 내용으로 동조세력을 규합하라는 지령을 받았다고 기술되어 있다. 하지만 이성희는 1974년 5월 17일에 열린 서울지방법원 1심 재판에서 김일로부터 "조직사업에 관한 이야기는 못 들은 것 같다"고 진술했다.

울릉도 간첩단 조작 사건

그는 진실화해위원회 조사에서는 "검은 것이 희다고 해도 믿을 정도로 주위의 존경을 받을 만한 일을 하라"[37]라는 말만 들었다고 진술했다. 그런데 "중앙정보부 수사관들이 무슨 지령을 주었을 것 아니냐며 자백하라고 하여 사람들을 포섭하라는 내용이 허위로 만들어지게 된 것이고, 임 모에게 지령을 받으라는 내용도 만들어지게 된 것이다"라고 진술했다. 이처럼 이성희의 일관된 부인이 있었지만 진실화해위원회는 증거 부족으로 조작 여부를 판단하기 어렵다는 결론을 내렸다.

진실화해위원회는 이성희가 국가기밀을 탐지, 누설하였는지 여부에 대해서는 조작 가능성이 높지만 이좌영 사망으로 추가 조사가 불가하므로 조작되었다고 단정할 수 없다고 결론을 내렸다.

신청인의 수사기관에서의 자백과 신청인이 이좌영을 알고 있다는 취지의 공동피고인의 진술만으로 신청인의 군사기밀 누설 및 탐지에 대한 범죄사실을 증명하기에 다소 부족하고, 국가기밀을 누설하였다는 이삼희는 중정, 법원 조사에서 일관되게 공소사실을 부인하였고, 우리 위원회에 이르러서도 역시 신청인과는 군대와 관련된 대화를 하지 않았다고 진술하고 있으므로 범죄사실이 조작되었을 가능성이 높다. 그러나 현재 이좌영의 사망 등으로 인하여 추가 조사할 수 없는 상태에서 간첩행위 여부 등을 밝힐 수가 없기 때문에 이 부분 범죄사실이 조작되었다고 단정할 수 없다.[38]

이성희는 국가기밀의 탐지, 누설과 관련해 중앙정보부와 검찰의 조사에서는 자백했으나 서울지방법원 1심 재판에서는 "이좌영이 동생 이삼희 대령을 포섭하라는 말은 하지 않았으며 포섭하라는 것으로 생각하지 않았다"고 진술했다. 그리고 서울고등법원 2심 재판에서는 동생을 방문한 것은 "형제지간이라 찾아가서 가정상담을 했을 뿐이다. 군대의 기밀을 들은 적이 없다"며 군사기밀을 탐지했다는 공소 사실을 부인했다. 그는 진실화해위원회 조사에서도 같은 진술을 반복했다.

당시 경북대에서 강의를 한 뒤 동생 이삼희 숙소에서 잠을 잔 것은 사실입니다. 그 당시 이삼희와 함께 잠을 자면서 가족의 안부나 학교생활에 대한 이야기를 나눈 것은 사실입니다. 그런데 중정 수사관들이 조사하면서 동생 군대 생활에 대한 이야기를 하지 않았느냐고 고문하며 추궁했습니다. 그래서 아무리 생각해도 그런 말을 한 기억이 안 난다고 했습니다. 그러자 군 감축문제나 휴전선 경비상태에 대해 이야기했다고 이삼희가 자백했다고 고문하길래, 동생이 그랬다면 그것이 맞지 않겠느냐고 허위자백하게 된 것입니다. 그런데 나중에 알고 보니 동생은 중정에서 그런 말을 한 적이 없다고 부인했고, 공판에서 증인으로 나와서도 절대 그런 이야기를 한 적이 없다고 펄펄 뛰는 것을 보았습니다.[39]

이성희 동생 이삼희는 중앙정보부에서 1974년 2월 28일 작성한 자필진술서에서 1972년 10월 "이성희가 대구 경북대에 강의차 왔을 때 같이 만난 기억이 있으나, 특별한 이야기는 없었다"고 진술했다. 그는 서울고등법원 2심 재판의 증인신문에서도 "이성희가 1박하고 간일이 있다. 그때 육군의 감군문제, 휴전선 경비문제 등의 말은 없었던 것으로 알고 있다. 본인은 당시 2군 정보 참모였으며 본인의 신분으로라도 그런 말은 할 수가 없다"고 진술했다. 진실화해위원회 조사

울릉도 간첩단 조작 사건

에서 이삼희는 1970년 8월경 서울에서 이좌영과 이성희를 만나 가족 근황 등 일반적인 이야기만 했을 뿐 군사기밀 이야기는 한 적이 없다고 진술했다. 이성희가 경북대 강의를 하러 자신의 집에 왔을 때도 군사기밀과 관련한 대화가 없었다고 진술했다. 이 부분에 관해 진실화해위원회는 이성희와 참고인들의 일관된 진술로 인해 조작되었을 가능성이 높다고 보았지만 역시 이좌영의 사망을 이유로 판단을 유보하는 결론을 내렸다.

진실화해위원회는 이와 같은 조사를 통해 앞서 살펴본 것처럼 2010년 6월 30일에 "불법구금, 가혹행위 부분은 진실규명, 일부 범죄사실은 진실규명 불능이므로 일부 진실규명"이라고 주문하는 결정서를 내놓았다. 그런데 진실화해위원회는 4년여에 걸친 조사에도 불구하고 이성희가 간첩이 아니라는 결론을 내리지 않았다. 이좌영의 사망으로 추가 조사가 불가능하다는 게 결정적 이유였다. 이처럼 '이성희에 대한 간첩 조작 의혹 사건'에 대해 불법구금, 가혹행위와 같은 국가에 의한 가해라는 진실은 규명하면서 피해자의 간첩 누명을 벗기는, 즉 범죄사실 조작에 대해서는 "조작되었다고 단정할 수 없다"고 하면서 사법부에 결정권을 떠넘기는 것이 국가가 가해 주체로서 과거사 청산의 책임을 다한 것인지 묻지 않을 수 없다.

3. 재심 개시와 간첩죄 무죄 판결

이성희는 울릉도 간첩 사건 피고인 중 가장 먼저 2010년 8월 23일에 재심을 청구했다. 진실화해위원회에서 이성희의 범죄사실 일체에 대해 조작되었다고 단정할 수 없다는 결정을 내린 지 두 달 만의 일이었다. 이제 조작의 사실 여부 판단은 재심을 진행해야 하는 사법부로 넘어갔다.

이성희의 재심청구서에서 변호인들은 진실화해위원회의 권고와 같은 취지로 재심을 개시해줄 것을 청구했다. 먼저 1974년 2월 15일 이성희를 체포한 이후 2월 28일 구속영장이 발부되어 서울구치소에 입소할 때까지 14일 동안 영장 없이 불법구금된 상태에서 조사받은 사실은 형법 제124조 불법체포감금죄에 해당하고 형사소송법 제420조 7호, 제422조에 정한 재심사유에 해당한다고 주장했다. 둘째, 이성희가 수사과정에서 고문 등 가혹행위를 당했다고 인정되므로 이는 형법 제125조 폭행, 가혹행위죄에 해당하고, 형사소송법 제420조 7호, 제422조에 정한 재심사유에 해당한다고 주장했다.

변호인들은 이성희의 범죄사실을 입증하는 증거는 대부분 그와 관련자들의 진술인바, 이성희의 자백 진실이 기재된 피의자신문조서, 기타 진술조서, 자술서는 그가 14일간 영장도 없이 불법구금된 상태에서 중앙정보부 전주분실에 연행되어 갖은 폭행, 고문, 협박을 받은 상태에서 작성된 것이므로 임의성이 없고, 검사가 작성한 조서도 수사관들에게 협박을 받은 심리적 압박 상태의 연장에서 이루어졌으며 검찰 조사 이후에도 담당 수사관이 소환해 신문하는 등 도저히 임의적인 의사에 따른 자발적인 진술이라 할 수 없으므로 유죄의 증거로 사용될 수 없다고 주장했다. 즉 이성희에 대한 유죄의 증거는 주로 관련자들의 진술 내용을 바탕으로 이루어진 것인데 그것들이 모두 임의

울릉도 간첩단 조작 사건

성 없는 상태에서의 진술이었을 가능성이 농후해 이를 배제할 경우, 이성희에 대한 공소 사실에 관해 합리적 의심 없이 유죄로 인정할 만한 유력한 증거가 거의 남지 않은 상황이라고 주장했다. 그러므로 이 사건을 재조명해 사건의 실체적 진실을 규명해 이성희에 대한 유무죄 여부를 가리는 재심이 요구된다는 것이다. 무엇보다 변호인들은 1974년의 재판에서 피의자신문조서가 유죄의 증거로 삼기 어려움에도 불구하고 유력한 자백증거로 사용된 점의 부당함을 주장했다. 그리고 진실화해위원회 조사에서 울릉도 간첩단 사건의 피해자들과 참고인들이 일관되게 구타, 폭행 행위에 굴복해 허위진술을 했다고 밝힌바, 신빙할 만한 상태에서의 진술이라 할 수 없다고 주장했다. 증거능력을 인정하기 어렵고 증명력에서도 신빙성이 없다는 것이다.

마지막으로 국가보안법상 반국가단체의 구성원 또는 그 지령을 받은 자와 회합, 통신 및 편의제공을 구성 요건으로 하는 이성희에 대한 국가보안법 위반 혐의에 관해서는 먼저 이좌영이 그와 같은 신분을 가진 자인가에 의해 이성희의 관련 혐의사실의 유무가 판단될 수 있다고 주장하며 이좌영이 반국가단체인 조총련의 구성원이라는 점에 대해서는 법관으로 하여금 합리적인 의심 없이 유죄를 인정할 만한 구성 요건 사실로서 명백히 입증되었다고 보기 어렵다고 주장했다. 둘째, 회합·통신에 대해서는 이성희가 이좌영과 안부나 친목 이상의 만남을 가진 적이 없는 것으로 드러났고 그가 반국가단체의 이익이 된다는 정을 알면서 이좌영과 회합했다고 볼 자료가 부족하기에 이는 유죄증거가 부족한 부분이라고 주장했다. 셋째, 편의제공 역시 진실화해위원회의 조사를 근거로 관련자들의 진술에 따르면 유죄의 증거로 삼을 수 없고 나아가 유죄를 입증할 만한 증거가 없는 이상 역시 유죄증거가 부족한 것으로 보아야 한다고 주장했다. 넷째, 간첩 죄에 대해서는 이성희가 단지 입북했다는 사실만으로 노동당에 가입 해 반국가단체 구성원이 되었다고 단정할 수 없으며 조직사업에 관한 지령을 받았는지 여부에 관해서는 이성희의 허위자백 이외에는 달리 유죄증거가 없다고 주장했다. 또한 군사기밀 누설 및 탐지에 대한 범죄사실은 관련자들의 진술로는 증명하기에 부족하며 오히려 반대되는 정황만 있을 뿐이어서 조작되었을 가능성이 농후하다고 주장했다.[40]

이처럼 재심청구서는 진실화해위원회가 '범죄사실이 조작되었다고 단정하기 어렵다'고 판단한 부분에 대해 유죄를 입증할 만한 증거가 없거나 조작되었을 가능성이 높다고 주장했다.

고등법원 판결은 제1심의 범죄사실 인정을 그대로 유지한 채 증거관계에서도 그대로 인정하고 있는 것이나 모든 유죄증거들이 임의성 없는 상태에서 이루어졌거나 임의성 없는 심리상태가 유지된 상태에서 이루어졌기에 유죄증거로 삼을 수 없고 더 나아가 달리 청구인의 유죄를 인정할 만한 증거가 없는 상황이기에 더 이상 유지되기 어려운 결론이라 할 수 있다.[41]

이성희가 재심을 청구한 후 4개월이 지난 2011년 12월 29일 서울 고등법원은 이성희에 대한 재심 개시를 선고했다. 1974년 이성희를 비롯한 울릉도 간첩단 사건에 연루된 전영관 등 32명은 국가보안법 위반, 반공법 위반, 간첩 등의 죄명으로 서울지방법원에서 재판을 받았다. 그해 7월 24일 서울지방법원은 이성희에게 사형을 선고했다. 이에 이성희가 항소하자 서울고등법원은 1974년 12월 9일 사형에서 감형해 무기징역을 선고했다. 이 재판이 재심대상 판결이 된 것이다.

서울고등법원은 재심 개시를 선고하면서[42] 2010년 6월 30일자 진실화해위원회의 일부 진실규명 결정과 사건 기록에 제시된 사실들, 즉 이성희가 불법구금된 상태에서 수사받은 일, 수사과정에서 중앙정보부 소속 수사관들로부터 각목 등으로 온몸을 심하게 구타당했고, 협박과 회유, 물고문 등의 고문 및 가혹행위를 당했던 사실, 이성희와 함께 수사와 재판을 받았던 이사영 등도 수사관들로부터 고문 및 가혹행위를 당했던 사실을 인정했다. 그러므로 이성희를 수사한 수사관들이 피고인을 불법구금하고 고문 및 가혹행위를 한 것으로 수사관들의 이와 같은 행위는 형법 제124조의 직권남용 체포, 감금죄 및 형법 제125조의 독직폭행, 가혹행위죄에 해당하는 범죄라고 보았다. 하지만 공소시효가 경과되었고 이는 형사소송법 제422조에서 정한 '확정판결을 얻을 수 없는 때'에 해당한다고 보았다. 그럼에도 이 사건 재심대상 판결은 과거사위의 일부 진실규명 결정 등에 의해 공소의 기초가 된 수사에 관여한 수사관이 그 직무에 관한 죄를 저질렀음이 증명된 경우에 해당하므로 형사소송법 제420조 제7호에서 정한 재심사유가 있다고 보았다. 그러므로 형사소송법 제435조 제1항에 의해 이사건 재심대상 판결 중 이성희에 관한 부분에 대해 재심을 개시한다는 것이었다.

재심은 2012년 7월 10일에 서울고등법원에서 시작되었다. 이후 세 번의 공판이 더 열렸다. 재판이 진행되는 동안 무죄를 주장하는 변호사의 논지에 대해 검사는 어떤 견해도 제시하지 않았다. 다만 공소사실 변경만을 요구했을 뿐이다. 북한에 갔다 온 것은 사실이니 특수 잠입·탈출에서 일반 잠입·탈출로 변경하겠다는 것이었다. 법원은 이를 허가했다. 변호사는 무죄를 주장했다. 북한에 다녀온 것은 사실이라 하더라도 증거라고는 장기간의 불법구금과 고문에 의한 자백밖에 없고, 그러한 정황에서 이루어진 자백은 증거능력이 없으므로 무죄라고 주장했다.[43]

2012년 11월 22일 서울고등법원은 이성희의 간첩 혐의, 즉 특수 잠입·탈출로 인한 반공법 위반, 반국가단체 구성원과의 회합, 통신, 금품수수 및 편의제공으로 인한 반공법 위반, 반국가단체 구성원으로서의 군사목적 수행을 위한 간첩죄에 대해 무죄를 선고했다. 다만 이성희가 일본 유학 시절 북한을 방문한 사실에 대해 "피고인이 북한의 지령을 받거나 받기 위하여 이러한 행위를 하였다기보다는 북한의 실정과 사회상에 대한 호기심의 발로에서 이 사건 범행을 저지른 점, 북한에 체류한 기간이 비교적 짧고 그 기간에 행한 행위도 대한민국의 국익을 극도로 해하는 것이 아니었던 점, 피고인에게 이 사건 범행 이전에 처벌받은 전력이 전혀 없는 점, 피고인은 원심에서부터 이 법정에 이르기까지 범행 사실을 모두 자백하면서 자신이 이러한 행위를 한 것은 한낱 미망에 사로잡혀서 그런 것이라고 하며 진심으로 그 죄를 뉘우치고 있는 점, 그 밖에 피고인의 나이, 성행, 경력, 환경, 범행 후의 정황 등 변론 과정에서 나타난 여러 사정을 종합적으로 참작"[44]함으로써 일반 잠입·탈출죄를 적용해 징역 3년 자격정지 3년을 선고했다.

재심 재판부는 경찰 진술서, 경찰 피의자신문조서, 검찰 진술서, 검찰 피의자신문조서 등이 임의성이 없는 상태에서 작성된 것으로 증거능력이 없고, 그와 같은 임의성이 없는 심리 상태가 원심(1974년) 법정 진술에까지 이어진 것으로 보고 이성희가 반국가단체의 지령을 받거나 지령을 받기 위하여 탈출하였고 반국가단체의 지령을 받고 국내에 잠입하였음을 인정하기 어렵다고 보았다. 여기에서 주목할 것은 진실화해위원회의 조사를 중요한 근거로 삼았다는 사실이다.

또한 재심 재판부는 이성희가 반국가단체 구성원이라는 사실을 알면서 이좌영과 회합, 금품수수 및 편의제공을 하였음도 인정하지 않았다. 이 또한 검사가 제출한 증거만으로는 이좌영이 반국가단체 구성원이라는 사실을 이성희가 알고 있었다고 단정하기 어렵고 이를 인정할 만한 증거가 없다는 것이다. 이성희가 이삼희로부터 기밀을 탐지하는 등 군사목적 수행을 위한 간첩행위를 한 점도 인정하지 않았다. 반국가단체구성원인 임 모와의 통신, 금품수수를 하였다는 부분도 인정하지 않았다.

이에 검찰은 2012년 12월 26일 이성희에 대한 원심의 심리가 미진했으므로 검찰에서의 진술과 원심 법정에서의 진술의 임의성을 부정하기 어렵다며 대법원에 상고했다.[45] 이에 대해 변호인단은 원심의 심리 미진을 따지기에 앞서 원천적으로 고문이나 가혹행위를 통한 자백 진술이 기재된 조서의 증거능력을 부정하지 않는 것은 어떤 이유에서도 정당화될 수 없다고 반박했다.

고문이나 가혹행위를 통한 자백 진술이 기재된 조서의 증거능력을 부정하는 것 역시 실질적 법치주의가 정립되기 이전 공권력에 의해 무수히 자행되어온 인권 말살 및 오판의 위해를 단절시키기 위하여 역사적, 이념적 반성의 산물로서 이를 통한 유죄입증이나 진실발견 등 그 어떠한 목적을 위해서도 정당화될 수 없다.[46]

그리고 2년이라는 세월이 흐른 2014년 12월 11일 대법원이 대법관의 일치된 의견으로 상고를 기각하면서 이성희는 간첩이라는 누명을 완전히 벗게 되었다. 상고를 기각한 이유로 첫째, 임의성이 없는 진술의 증거능력을 부정하는 것은 허위진술을 유발 또는 강요한 위험성이 있는 상태에서 한 진술은 실체적 진실에 부합하지 않을 소지가 있고 그 진위 여부를 떠나 진술자의 기본적 인권을 침해하는 위법 부당한 압박을 사전에 막기 위한 것이므로, 만일 그 임의성에 다툼이 있을 때에는 검사가 그 임의성의 의문점을 없애는 증명을 해야 하며, 그 증명을 못 하면 그 진술증거는 증거능력이 없다고 판단했다. 둘째, 피고인이 피의자신문조서에 기재된 피고인의 진술과 공판기일에서의 피고인의 진술의 임의성을 다투는 경우에 법원은 피고인의 학력, 경력, 직업, 사회적 지위, 지능 정도, 진술 내용, 조서 형식 등 제반 사정을 참작해 자유로운 심증으로 그 진술의 임의성을 판단하도록 한다고 보았다. 셋째, 피고인이 수사기관에서 가혹행위 등으로 임의성 없는 자백을 하고, 법정에서도 임의성 없는 심리상태가 계속되어 동일한 내용의 자백을 했다면 법정에서 한 자백도 임의성 없는 자백이라고 보아야 한다고 판단했다. 이러한 근거로 대법원은 고등법원이 이성희가 중앙정보부 수사관에게 연행된 후 장기간 영장 없이 불법 구금된 상태에서 고문과 가혹행위 등을 당하는 과정에서 임의성 없는 자백을 하였고, 그 후 검사의 수사와 법원의 재판 단계에서도 임의성 없는 심리상태가 계속되어 동일한 내용의 진술을 한 것으로 보았다. 그러므로 원심에서의 진술은 임의성이 없어 증거능력이 없다고 판단했다.[47] 이로써 이성희는 간첩이라는 족쇄를 씌운 사법부에 의해 다시 간첩이 아니라는 판결을 받음으로써 88세의 나이에 주홍 글씨를 벗게 되었다.

이처럼 사법부의 재심 과정에서 진실화해위원회의 조사는 무죄 판결의 결정적 근거로 활용되었다. 검찰이 추가 수사해서 새로운 증거를 내놓은 것도, 사법부가 신문을 더 한 것도 아니었다. 검찰은 조서 작성에 임의성이 없다고 보기 어렵다고 하고, 변호인은 고문과 가혹행위에 의해 임의성이 없는 상태에서 작성된 조서의 증거능력을 인정할 수 없다고 주장하는 법리 다툼이 있었을 뿐이었다. 간첩으로 몰려 짓밟힌 삶을 살아야 했던 피해자들에게 재심 과정은 그만큼 허망하면서도 남은 삶을 위해 절실한 의례였다.

4. 재심의 아이러니, 간첩이 아님을 스스로 증명하라

울릉도 간첩단 조작 사건에 연루된 이들 중 이성희가 제일 먼저 진실화해위원회에 진실규명을 요청했다. 4년간의 조사 끝에 재심 권고를 받아낸 그는 바로 재심을 청구했다. 재심 개시 선고가 내려졌고 네 번을 합쳐도 채 두 시간이 안 걸린 재판 끝에 간첩 혐의를 벗었다.

'나는 간첩이 아니다'라고 아무리 부르짖어도 들어주지 않고 떨어져 나가지도 않던 간첩이라는 유신정권이 만들어준 사슬이 불과 네 번의 재판 만에 거짓말처럼 떨어져나가게 된 것이다. 네 번의 재판이라고 해봐야 걸린 시간이라고는 두 시간도 소요되지 않았다. 49세에 체포되어 87세가 된 지금까지, 모든 것을 잃고 살아왔던 이 38년이라는 고통스러웠던 세월을 짓눌러온 그 이름, 결코 사라질 것 같지 않던 간첩이라는 이름이 두 시간도 안 되는 짧은 시간 동안 아침 햇살에 사라지는 물안개처럼 그렇게 사라져가고 있었다. 지난 세월이 거짓이기나 했던 것처럼 허망하고 허탈하기도 했다. 망연하기도 했다.[48]

하지만 또다시 검찰의 상고로 대법원의 판결을 기다려야 했다. 1년이 다 되도록 대법원에서 선고를 내리지 않자 이성희의 배우자인 전영주는 2013년 12월 대법원에 다음과 같이 애절한 내용의 탄원서를 제출했다.

저는 제 남편에게 면목없는 사람입니다.
연대, 서울대, 고3 3형제를 저에게 맡겨놓고 생각하기도 싫은 74년도 남편은 떠났습니다.
살림만 하던 저는 아무 생각도 할 수 없었습니다.
그래도 정신을 차려 애들을 잘 키워야겠다고 다짐을 했어요.
그런데 76년도 5월 서울대 3학년인 둘째 아들이 간암에 걸려 입원치료를 했으나 그해 9월 저세상으로 가버렸습니다.
17년의 고난의 세월이 지나 남편을 다시 만났지만 3형제를 지키지 못한 저는 늘 죄인이었습니다(요즘은 간암도 살더라고요).

울릉도 간첩단 조작 사건

다시 만난 강원도 벽지 아무 연고자도 없는 곳에서 산지도 어언 18년이 되었습니다.

돈이 없어도 행복하고 높은 지위가 없어도 행복할 수 있다는 것도 처음 깨닫게 되었으며 뒷모습만 보아도 가슴 설레면서 살고 있습니다.

작년 11월에 고등법원 재심에서 더러운 죄명 다 벗고 무죄를 받아 새로 태어난 듯 기뻤습니다.

그런데 12월 12일 대법원에 상고되어 이제 1년이 다 되어갑니다.

심한 천식으로 헉헉거리는 남편은 88세 심장병으로 10여 시간의 수술받고, 약으로 연명하고 있는 저는 83세입니다.

건강상태가 자신이 없어 감히 탄원을 올립니다.

남은 여생 마음 편하게 살다 가게 엎드려 간청드립니다.

저희 생전에 결과를 보게 해 주십시오.

엎드려 탄원을 올립니다.

시간이 많지 않습니다.

그리고 또다시 1년의 세월이 흘러 마침내 재심을 청구한 지 4년 만인 2014년 12월에 최종 선고가 내려졌다.

이처럼 이성희에 간첩이라는 올가미를 씌운 사법부는 스스로 나서서 그 올가미를 풀어주지 않았다. 간첩 조작 사건의 피해 당사자들이 재심을 청구해야만 '간첩이 아니었음'을 선고했다. 울릉도 간첩단 사건 역시 이성희가 제일 먼저 재심을 청구했고, 30명이 넘는 피해자들은 〈표 8-1〉에서 보듯이 직접 여덟 차례에 걸쳐 재심을 신청했고 무죄 판결을 받아냈다. 이성희에게 진실화해위원회의 존재를 알려준 것은 정부도 사법부도 아니었다. 동백림 사건으로 고초를 겪은 최창진이었다. 이성희는 그 이야기를 들은 후 얼마 지나 텔레비전에서 진실화해위원회에 사건을 접수하라는 안내를 보고 신청을 했다고 한다.[49] 그렇게 세월이 속절없이 흐르는 동안 재심이 시작되었지만 자신이 간첩이 아니라는 무죄 선고를 보지 못한 채 죽음을 맞은 피해자도 생겨났다. 최규식은 재심 개시 선고만을 보고 지병으로 세상을 떴다.

국가폭력의 가해자인 정부는 피해자로 하여금 스스로 재심을 청구하도록 하는 아이러니를 해결할 수 있는 조치를 하지 않았다. 국가폭력에 의해 잃어버린 고통의 세월에 대한 보상 유무도 사법부에 내맡겼다. 다만 정부가 한 것은 간첩 조작 사건으로 훈장을 받은 중앙정보부원과 경찰에 대한 서훈 취소였다. 2019년 5월 7일 간첩 조작 사건으로 보국훈장을 받은 8명에 대한 서훈이 취소되었다. 울릉도 간첩단 사건을 조작한 중앙정보부원 3명이 여기에 포함되었다.[50]

진실화해위원회의 조사와 사법부의 재심은 만시지탄이었지만 반드시 치러야 할 과거사 청산의 통과의례였다. 하지만 피해자의 관점에서 이루어진 과거사 청산이라고 보기는 어렵다. 진실화해위원회는 '범죄사실이 조작되었다고 단정하기 어렵다'며 국가에 의한 가해 사실만을 밝힐 뿐, 간첩이라는 올가미를 벗기는 일에 소극적이었다. 사법부는 바로 진실화해위원회가 조사한 이성희와 참고인, 수사관들의 진술을 근거로 피해자들의 간첩 누명을 벗겨주었다. 하지만 대법원의 최종 선고가 내리기까지 4년여의 세월이 걸렸다. 사법부의 시계는 가슴 떨리며 기다리는 피해자들의 고통의 시간을 헤아리지 않았다. 피해자들은 무너진 삶의 무게를 짊어진 채 진실화해위원회에서 참담한

〈표 8-1〉 울릉도 간첩단 사건 재심 개시 및 판결

성명	재심 개시 선고	1심	2심	3심
이성희	2011. 12. 29.		2012. 11. 22. 원심 부분 파기	2014. 12. 11. 상고 기각
전영관, 전영봉, 손두익, 전국술, 전서봉, 전석봉, 정의출, 이사영, 이지영, 최규식, 유창렬, 김장곤, 구자현	2012. 6. 14. 서울고등법원 (김장곤, 구자현 명단에 없음)		2014. 1. 10. 무죄 및 면소	2014. 12. 24. 상고 기각
김용희, 서화수, 전원술, 전성술, 전연순, 전경술, 이한식	2013. 6. 4. 서울고등법원 (서화수, 전원술 사망으로 제외)	2014. 2. 12. 무죄	2014. 7. 9. 항소 기각	2015. 1. 15. 상고 기각
박인조, 서화수, 전원술, 한학수, 안월득	2013. 8. 16.	2014. 10. 24. 무죄	2015. 5. 21. 항소 기각	2015. 10. 29. 상고 기각
이태영, 홍봉훈	2014. 6. 3		2014. 10. 31. 무죄	2015. 5. 28. 상고 기각
김용득, 이을영	2014. 8. 12.		2015. 1. 30. 무죄 및 면소	
김영권	2014. 10. 23.	2015. 9. 10. 무죄	2015. 11. 20. 항소 기각	2016. 2. 18. 상고 기각
한명도, 한명구	2015. 12. 15.			
하석순		2015. 12. 17. 무죄	2016. 3. 29. 항소 기각	

과거의 일을 떠올리며 진술하고 법정에 불려 다니며 자신을 구렁텅이로 밀어 넣었던 검찰의 변명을 들어야 했다. 간첩 누명을 벗은 후에는 다시 민사소송을 위해 법원을 들락거려야 했다. 국가가 저지른 폭력의 역사를 청산하려면 국가가 나서서 진실을 규명하고 가해자를 처벌하고 피해자에게 사과와 배·보상을 해야 한다. 이러한 과거사 청산의

정상적 절차를 무시하고 간첩 조작 사건의 피해자들에게 스스로 자신의 누명을 벗기 위해 나서도록 만든 권력에게서 민주주의 껍질 속 깊이 뿌리내린 반공의 그림자를 발견하게 된다.

제1장 독재정치 대 민주화운동, 그리고 공안통치의 시대

1 민주화운동기념사업회 연구소, 《한국민주화운동사》 1, 돌베개, 2008, 382~389쪽.

2 6·3동지회, 《6·3학생운동사》, 역사비평사, 2001, 466~467쪽.

3 〈인민혁명당 사건 전모 발표〉, 《조선일보》 1964. 8. 15.

4 김정인 외, 《간첩 시대》, 책과함께, 2020, 36~37쪽

5 〈북괴대남간첩사건 발표〉, 《동아일보》 1967. 7. 8.

6 오제연, 〈동백림 사건의 쟁점과 역사적 위치〉, 《역사비평》 119, 2017, 116~117쪽.

7 〈교포대학생 넷 낀 간첩 10명 검거〉, 《동아일보》 1971. 4. 20.

8 〈위수령 발동 서울시 일원〉, 《동아일보》 1971. 10. 15.

9 민주화운동기념사업회 연구소, 《한국민주화운동사》 2, 돌베개, 2009, 52~53쪽.

10 김정인, 〈이념서클을 통해서 본 학생운동 조직문화의 변화〉, 김정인 외, 《한국 민주주의 100년, 가치와 문화》, 한울, 2020, 359~360쪽.

11 한국기독교교회협의회 인권위원회, 《1970년대 민주화운동》 1, 1987, 274~275쪽.

12 민주화운동기념사업회 연구소, 앞의 책(2009), 107쪽.

13 최창남, 《울릉도 1974》, 뿌리와이파리, 2012, 23~27쪽.

14 〈울릉도 거점 간첩단 47명 검거〉, 《경향신문》 1974. 3. 15.

제2장 하나가 된 두 개의 사건: 수사와 재판 과정

1   〈인지동행 보고(김용득)〉, 《울릉도 간첩단 사건 수사기록(이하 수사기록)》 2책, 159~175쪽.

2   《수사기록》 3책, 787쪽.

3   《수사기록》 1책, 표제부.

4   《수사기록》 16책, 437·573·763쪽; 22책, 64~65쪽; 23책, 572쪽; 26책, 28·209쪽; 28책, 52쪽; 29책, 610·974쪽.

5   《수사기록》 20책, 421~422쪽.

6   이명춘 구술(2020. 8. 15. 면담자: 정무용).

7   최창남, 《울릉도 1974》, 뿌리와이파리, 2012, 47~48, 94~96, 123~124쪽.

8   《경향신문》 1974. 3. 15.

9   위의 신문기사.

10 《1심 공판자료》 1책, 375쪽.

제3장 중앙정보부와 차철권

1   〈이종찬 회고록(40) 김대중 정부 안기부장 취임〉, 《동아일보》 2015. 5. 30(이종찬, 《숲은 고요하지 않다: 이종찬 회고록》 1·2, 한울, 2015).

2   김종필 지음, 중앙일보 김종필증언록팀 엮음, 《김종필 증언록》 1, 와이즈베리, 2016, 135쪽.

3   이석제, 《각하, 우리 혁명합시다》, 서적포, 1995, 80쪽; 정주진, 《중앙정보부의 탄생》, 행복에너지, 2021, 110쪽.

4   정주진, 위의 책, 113~123쪽; 김종필, 앞의 책, 134~137쪽.

5   김충식, 《남산의 부장들》, 폴리티쿠스, 2012, 63쪽.

6   조갑제, 〈박정희 생애 제13부 내부 균열 ① 정보부 권력의 비대화〉, 《조선일보》 1999. 2. 24; 조갑제, 《박정희》 4, 조갑제닷컴, 2015; 《경향신문》 1961. 6. 7.

7   김경재, 《혁명과 우상: 김형욱 회고록》 3, 인물과사상사, 2009; 정주진, 앞의 책, 132~133쪽.

8   조갑제, 앞의 글; 조갑제, 앞의 책.

9   김충식, 앞의 책, 106~107쪽.

10 위의 책, 300~301쪽.

11 최종선, 《산자여 말하라》, 공동선, 2001, 18~79쪽.

12 김충식, 앞의 책, 508~512쪽.

13 〈"천지신명에 맹세코 나는 최교수를 죽이지 않았다"—최종길 교수 조사한 車鐵權 전 中情 수사관 최초증언〉, 《신동아》 2004년 4월호(510); 《반헌법행위자열전 편찬위원회 1차 보고회》, 146쪽.

14 이사영 구술(2020. 6. 12); 진실·화해를위한과거사정리위원회, 《2010년 상반기 조사보고서 09》, 2010, 566쪽.

15 이사영 구술(2020. 6. 12).

16 진실·화해를위한과거사정리위원회, 앞의 책, 567쪽.

17 (사)평화박물관건립추진위원회, 《전국 국가폭력 고문피해 실태조사(1차)》, 민주화운동기념사업회, 2020, 275~276쪽.

18 〈"천지신명에 맹세코 나는 최교수를 죽이지 않았다"—최종길 교수 조사한 車鐵權 전 中情 수사관 최초증언〉.

19 (사)평화박물관건립추진위원회, 앞의 책, 33쪽.

20 위의 책, 276쪽.

21 〈"천지신명에 맹세코 나는 최교수를 죽이지 않았다"—최종길 교수 조사한 車鐵權 전 中情 수사관 최초증언〉.

22 (사)평화박물관건립추진위원회, 앞의 책, 34쪽.

23 〈2018 행정안전부 국정감사—홍익표 의원 발언(2018. 10. 9)〉, 국회의원 홍익표 블로그(https://blog.naver.com/peace_hong/221381420977, 검색일: 2021. 8. 24).

24 〈울릉 '간첩단 사건' 관련자 셋 훈장 취소〉, 《경북도민일보》 2019. 5. 7(https://www.hidomin.com/news/articleView.html?idxno=387714, 검색일: 2021. 8. 24); 〈1960~1970년대 '간첩 조작사건' 관련자 훈장 취소한다〉, 《서울신문》 2019. 5. 7(https://www.seoul.co.kr/news/newsView.php?id=20190508010004, 검색일: 2021. 8. 24).

25 김당, 《시크릿파일 반역의 국정원》, 메디치미디어, 2017, 251쪽.

26 최창남, 《울릉도 1974》, 뿌리와이파리, 2012, 118~119쪽.

27 《수사기록》 1~4책.

28 이성희 구술(2020. 6. 5).

29 최창남, 앞의 책, 94~96쪽.

30 (사)평화박물관건립추진위원회, 앞의 책, 275쪽.

주

31 진실·화해를위한과거사정리위원회, 앞의 책, 571쪽.

32 국정원과거사건진실규명을통한발전위원회, 《과거와 대화, 미래의 성찰: 학원·간 첩편》 VI, 국가정보원, 2007, 642쪽.

33 위의 책, 642~643쪽.

34 《경향신문》 1974. 3. 15.

제4장 울릉도 사람들

1 〈신직수 부장 회견 김일·유장식 만나기도〉, 《동아일보》, 1974. 3. 15.

2 《울릉군지》, 울릉군, 2007, 415~418쪽.

3 전국술 구술(2020. 6. 20).

4 《울릉군지》, 401~406쪽.

5 전국술 구술(2020. 6. 20).

6 김정인 외, 《간첩 시대》, 책과함께, 2020, 198~199쪽.

7 어부들이 납북되고 귀환되는 상황에 대해서는 위의 책, 303~307쪽 참조.

8 국정원과거사건진실규명을통한발전위원회, 《과거와 대화 미래의 성찰: 학원·간 첩편》 VI, 국가정보원, 2007, 263쪽.

9 여기에서 가족들의 기억에 조금씩 차이가 있다. 숙부 전서봉은 전덕술이 연세대학 교, 즉 연희전문에 다니고 있던 것으로 기억한 반면, 동생 전국술은 형님인 전덕술 이 기독교를 좋아하지 않았기 때문에 혜화전문으로 진학했다고 기억했다.

10 전국술 구술(2020. 6. 20).

11 최창남, 《울릉도 1974》, 뿌리와이파리, 2012, 206~212쪽.

12 위의 책, 48~49쪽.

13 위의 책, 208~209쪽.

제5장 울릉도 간첩단 사건에 연루된 전라북도 사람들

1 〈서울형사지방법원 제7부 판결(사건: 74 고합 160, 175, 181, 196)〉 (1974. 7. 24), 148~167쪽.

2 이사영 구술(2020. 6. 12). 이하 이사영의 행적 가운데 특별히 근거를 밝히지 않은 내용은 이 구술에 따름.

3 〈서울형사지방법원 제7부 판결(사건: 74 고합 160, 175, 181, 196)〉, 316쪽.

4 이성희 구술(2020. 6. 5).

5 〈서울형사지방법원 제7부 판결(사건: 74 고합 160, 175, 181, 196)〉, 318쪽.

6 위의 판결, 320~327쪽.

7 이사영 구술(2020. 6. 12).

8 〈서울형사지방법원 제7부 판결(사건: 74 고합 160, 175, 181, 196)〉, 302~310쪽.

9 위의 판결, 291~302쪽.

10 위의 판결, 463~471쪽.

11 위의 판결, 471~474쪽.

12 위의 판결, 386~410쪽.

13 위의 판결, 410~435쪽.

14 위의 판결, 435~448쪽.

15 《동아일보》 1966. 7. 9.

16 《조선일보》 1966. 7. 17.

17 《동아일보》 1968. 3. 23.

18 《매일경제》 1973. 8. 24.

19 山川文太, 〈韓国人労働力「導入」·沖縄の場合〉, 《新日本文学》 30-2, 1975. 2, 109쪽.

20 김정인 외, 《간첩 시대》, 책과함께, 2020, 243~245쪽 참조.

21 이성희 구술(2020. 6. 5). 이하 이성희의 행적 가운데 특별히 근거를 밝히지 않은
   내용은 이 구술에 따름.

22 제1심 판결문에서는 매달 2만 엔을 받았다고 밝혔다. 〈서울형사지방법원 제7부 판결
   (사건: 74 고합 160, 175, 181, 196)〉, 328쪽.

23 위의 판결, 331쪽.

24 위의 판결, 357~358쪽.

25 위의 판결, 365~385쪽.

26 최규식의 삶에 대해서는 최창남, 《울릉도 1974》, 뿌리와이파리, 2012, 90~113쪽
   참조. 이 책에는 이성희, 이사영의 회고도 실려 있다.

27 〈서울형사지방법원 제7부 판결(사건: 74 고합 160, 175, 181, 196)〉, 448~463쪽.

28 이성희 구술(2020. 6. 5).

제6장 이좌영과 재일 한국인 정치범 구원 운동

1 〈인권, 통일운동 원로 이좌영 선생 서거〉, 《민족시보》 1129, 2008. 2. 1; 이사영 구술

(2020. 6. 12).

2 이사영 구술(2020. 6. 12).

3 〈인권, 통일운동 원로 이좌영 선생 서거〉.

4 이사영 구술(2020. 6. 12).

5 이성희 구술(2020. 6. 5). 이사영은 이좌영이 통학을 위해 익산 시내에 있던 이모할
   머니 집에 맡겨졌다고 기억하기도 했다(이사영 구술, 2020. 6. 12).

6 이사영 구술(2020. 6. 12).

7 〈인권, 통일운동 원로 이좌영 선생 서거〉.

8 《每日新聞》1975. 11. 9.

9 〈서울형사지방법원 제7부 판결(사건: 74 고합 160, 175, 181, 196)〉(1974. 7. 24),
   463~464쪽.

10 위의 판결, 471~474쪽.

11 이사영 구술(2020. 6. 12).

12 〈조훈현 군 11세에 「바둑」이 2단, 일본에 유학하여 열심히 공부〉, 《조선일보》1963.
   12. 22.

13 이성희 구술(2020. 6. 5). 제1심 판결문에는 2만 엔으로 되어 있다. 〈서울형사지방
   법원 제7부 판결(사건: 74 고합 160, 175, 181, 196)〉, 328쪽.

14 위의 판결, 368~369쪽.

15 이사영 구술(2020. 6. 12).

16 〈서울형사지방법원 제7부 판결(사건: 74 고합 160, 175, 181, 196)〉, 154~158쪽.

17 李佐永, 〈望郷は死につながる?: 故国の獄窓に泣く 在日韓国人〉, 《朝日ジャーナル》
   19-14, 1977. 4, 22쪽.

18 이성희 구술(2020. 6. 5); 〈서울형사지방법원 제7부 판결(사건: 74 고합 160, 175,
   181, 196)〉, 363~364쪽.

19 《조선일보》1974. 3. 16.

20 이성희 구술(2020. 6. 5).

21 〈서울형사지방법원 제7부 판결(사건: 74 고합 160, 175, 181, 196)〉, 328쪽.

22 울릉도 간첩단 사건에 대한 이좌영의 대응 등에 대해서는 최창남, 《울릉도 1974》,
   뿌리와이파리, 2012에 실린 〈타인의 삶: 이사영 선생 이야기〉(189~192쪽)를 참조
   했다.

23 1974년 4월 19일 이좌영이 일본에서 자신의 결백을 주장하는 기자회견에서 배포
   한 〈이좌영의 호소문〉(〈이성희에 대한 간첩 조작 의혹 사건〉, 진실·화해를위한과거

사정리위원회, 《2010년 상반기 조사보고서 09》, 2010, 576쪽에서 재인용).

24 〈이성희에 대한 간첩 조작 의혹 사건〉, 577쪽.

25 위의 글, 577쪽.

26 이사영 구술(2020. 6. 12).

27 〈이성희에 대한 간첩 조작 의혹 사건〉, 567쪽.

28 위의 글, 579쪽.

29 〈서울형사지방법원 제7부 판결(사건: 74 고합 160, 175, 181, 196)〉, 358쪽.

30 위의 판결, 150쪽.

31 吉松繁, 〈「在日韓国人政治犯の15年」15年間から見えてきたもの〉, 《世界》 489, 1986. 6, 236쪽.

32 《每日新聞》 1975. 11. 9.

33 金泰明, 〈「在日韓国人政治犯の15年」架け橋としての在日韓国人政治犯〉, 《世界》 489, 1986. 6, 228~229쪽.

34 吉松繁, 앞의 글, 237쪽.

35 위의 글, 237쪽.

36 위의 글, 236쪽.

37 《每日新聞》 1975. 11. 9.

38 吉松繁, 앞의 글, 238쪽.

39 金泰明, 앞의 글, 215쪽.

40 李佐永, 〈在日韓国人・スパイデッチ上げの背景〉, 《新日本文学》 31-3, 1976. 3, 37~40쪽. 이 글은 재일 한국인 정치범 구원 운동에 나서는 이좌영의 시대 인식을 잘 보여주므로, 제6장 뒤에 번역・소개한다.

41 〈新民党、政府に全政治犯の釈放を要求〉, 《在日韓国人政治犯を救うために》 69, 在日韓国人政治犯を救援する家族・僑胞の会, 1985. 5. 1.

42 金泰明, 앞의 글, 230쪽.

43 《每日新聞》 1990. 5. 20.

44 《朝日新聞》 1987. 7. 9.

45 《每日新聞》 1990. 2. 9.

46 金泰明, 앞의 글, 215~216쪽.

47 〈日本各界の声明・抗議文 『週刊文春』のデマ記事に抗議(在日韓国人政治犯救援団体)〉, 《月刊朝鮮資料》 29-12(343), 1989. 12. 성명에 열거된 정치범 29명 가운데는 북한에 의한 일본인 납치에 관계하고 1985년에 한국에서 활동하다가 검거된 재일

한인 신광수(辛光洙)의 이름이 포함되어 있었다. 이를 일본의 주간지 《週刊文春》
(1989. 9. 21)가 비판한 데 대해, 가족·교포 모임 사무국장 김태명과 '재일 한국인
"정치범"을 지원하는 모임 전국회의' 대표 요시마쓰 시게루 등의 명의로 항의문이
발표되었다. 항의문은 "신 씨를 포함해서 100명 이상의 재일 한국인이 한국 당국의
고문에 의해 '북의 간첩'으로 탄압을 받았"다고 주장했다.

48 사회당 이시바시 마사시(石橋政嗣) 위원장을 한 차례(아사히 850515), 도이 다카코
(土井たか子) 위원장을 세 차례 만난 것이 확인된다(《読売新聞》 1987. 7. 9 ; 《読売
新聞》 1989. 1. 21 ; 《朝日新聞》 1989. 1. 21 ; 《毎日新聞》 1990. 12. 19).

49 在日韓国人政治犯を救援する家族·僑胞の会, 《鉄窓に光を》, 在日韓国人政治犯を救
援する家族·僑胞の会, 1977, 8쪽.

50 〈政治犯家族国連派遣代表団、国連へむけて出発!!〉, 《在日韓国人政治犯を救うた
めに》 12, 在日韓国人政治犯を救援する家族·僑胞の会, 1980. 1. 15 ; 《読売新聞》
1980. 1. 8.

51 요시마츠 시게루, 〈이좌영 선생을 추모하면서〉, 《민족시보》 1130, 2008. 2. 15.

52 金泰明, 앞의 글, 216쪽.

53 《毎日新聞》 1989. 11. 22 ; 《朝日新聞》 1989. 11. 14.

54 《毎日新聞》 1991. 9. 4.

55 金泰明, 〈在日韓国人政治犯救援運動と日韓連帯〉, 《労働運動研究》 141, 1981. 7,
37쪽.

56 金泰明, 앞의 글(1986), 215~216쪽.

57 在日韓国人政治犯を救援する家族·僑胞の会, 《ああ、民主よ!統一よ!: 韓国民主化闘
争の墓標》, 三一書房, 1987 ; 《朝日新聞》 1987. 8. 29.

58 長沼節夫, 〈在日韓国人元政治犯の名誉回復はいつ？李佐永·元「家族·僑胞の会」
会長死去が残した課題〉, 《ジャーナリスト同盟》通信》, 2008. 4. 1(http://blog.
livedoor.jp/jlj001/archives/51088386.html).

59 위의 글.

60 요시마츠 시게루, 〈이좌영 선생을 추모하면서〉.

61 〈간첩활동 20대 남매 구속, 재일공작원에 포섭 군기밀 전달〉, 《조선일보》 1993. 9.
14.

62 《한국경제》 1994. 8. 25.

63 〈인권, 통일운동 원로 이좌영 선생 서거〉.

64 〈이좌영 선생을 추모하는 모임, 생전의 연고자들 다수 참가〉, 《민족시보》 1134,

2008. 4. 15.

65 長沼節夫, 앞의 글.

66 위의 글.

67 요시마츠 시게루, 〈이좌영 선생을 추모하면서〉.

68 〈'93년 남매간첩사건'··· 재심 재판부 일부 유죄〉, 《오마이뉴스》, 2016. 3. 27.

69 미즈노 나오키·문경수, 한승동 옮김, 《재일조선인: 역사, 그 너머의 역사》, 삼천리, 2016, 171~172쪽.

70 金泰明, 앞의 글(1986), 215쪽.

71 金泰明, 앞의 글(1981), 52~53쪽.

72 위의 글, 53~54쪽.

73 桑原重夫, 〈「在日韓國人政治犯」の問いかけるもの〉, 《第三文明》 224, 1979. 12, 105~106쪽.

74 金泰明, 앞의 글(1981), 53쪽.

75 조기은, 〈민단계 재일조선인의 한국민주화운동: 재일한국청년동맹을 중심으로〉, 《한국학연구》 59, 2020. 11, 506~509쪽.

76 위의 글, 508쪽.

77 권혁태, 〈재일동포 정치범 사건을 통해 본 한국 사회와 재일동포〉, 《재일동포 정치범 사건—11·22사건—40년 토론회 "우리는 왜 '간첩'이 되었나?" 자료집》, 2015. 10. 19.

제7장 간첩 조작 사건 이후 '간첩'의 삶

1 김혜진, 〈박정희정권기 반공이데올로기의 정치경제적 기능〉, 《역사비평》 18, 역사비평사, 1992, 153쪽.

2 김정인 외, 《간첩 시대》, 책과함께, 2020, 267~268쪽.

3 최창남, 《울릉도 1974》, 뿌리와이파리, 2012, 73~74쪽.

4 전국술 구술(2020. 6. 20).

5 이성희 구술(2020. 6. 5).

6 이사영 구술(2020. 6. 12).

7 전국술 구술(2020. 6. 20).

8 이사영 구술(2020. 6. 12).

9 최창남, 앞의 책, 130쪽.

10 위의 책, 167쪽.

11 위의 책, 129쪽.

12 위의 책, 134쪽.

13 위의 책, 44쪽.

14 전국술 구술(2020. 6. 20).

15 최창남, 앞의 책, 56쪽.

16 신성식, 〈과거 경찰의 민간인 불법사찰에 관한 실태 연구: 경찰청 과거사위원회 조사결과를 중심으로〉,《공공정책연구》 28-1, 2011, 182쪽.

17 이윤정, 〈금산경찰서 한 경찰관의『교양수부』와『교양자료집』(1955~56년)을 통해 본 사찰활동〉,《한국근현대사연구》 93, 2020, 207쪽.

18 신성식, 앞의 글, 186쪽.

19 국가법령정보센터(https://www.law.go.kr/lsSc.do?menuId=1&subMenuId=17&tabMenuId=93&query=%EB%B3%B4%ED%98%B8%EA%B4%80%EC%B0%B0#undefined).

20 김대현, 〈치안유지를 넘어선 '치료'와 '복지'의 시대: 1970~80년대 보안처분제도의 운영실태를 중심으로〉,《역사문제연구》 45, 2021, 96쪽.

21 최창남, 앞의 책, 41쪽.

22 위의 책, 67~68쪽.

23 이사영 구술(2020. 6. 12).

24 김은재·김성천, 〈연좌제 피해자들의 국가폭력 경험에 대한 사례연구—끝없는 도망자로 살아남기〉,《비판사회정책》 51, 2016, 246쪽.

25 여현철, 〈국가폭력에 의한 연좌제 피해 사례 분석—전시 납북자 가족의 피해 경험을 중심으로〉,《국제정치연구》 21-1, 2018, 172쪽.

26 최창남, 앞의 책, 17쪽.

27 경상남도경찰청 울산중부경찰서 경무과, 〈연좌제폐지에 따른 신원조사업무요강〉, 1967, 관리번호 BA0183865.

28 여현철, 앞의 글, 173쪽.

29 6·25전쟁납북진상규명위원회,《6·25전쟁 납북피해 진상조사보고서》, 6·25전쟁 납북피해진상규명및납북피해자명예회복위원회, 2017, 259쪽.

30 김은재·김성천, 앞의 글, 276쪽.

31 위의 글, 277쪽.

32 최창남, 앞의 책, 44~45쪽.

33 위의 책, 56~57쪽.

34 위의 책, 144쪽.

35 위의 책, 215쪽.

36 김은재·김성천, 앞의 글, 281쪽.

37 이 부분에 대해서는 '라포' 형성이 부족했다고 지적할 수도 있을 것 같다. 하지만 구술자를 섭외하고 인터뷰를 진행하고 마무리를 하는 데까지 재심청구에서 변호사였던 이명춘 변호사와 함께 했다. 오랜 재심기간 동안 함께 많은 이야기를 나누었을 텐데도 이야기를 꺼내는 것에 대해서 힘들어하는 것을 보며 수십 년간 눌러왔던 고통을 느낄 수 있었다.

38 김은재·김성천, 앞의 글, 276쪽.

39 이성희 구술(2020. 6. 5).

40 이사영 구술(2020. 6. 12).

41 전국술 구술(2020. 6. 20).

42 최창남, 앞의 책, 216쪽.

43 위의 책, 130~131쪽.

44 전국술 구술(2020. 6. 20).

45 최창남, 앞의 책, 216쪽.

46 위의 책, 131~132쪽.

47 전국술 구술(2020. 6. 20).

제8장 진실·화해를위한과거사정리위원회의 재심 권고와 사법부의 재심 재판

1 진실·화해를위한과거사정리위원회, 〈참고인(이성희), 진술조서(신청인) 1회〉, 2007. 10. 9.

2 〈이성희 재심청구서〉, 2011. 8. 23.

3 진실화해위원회는 이성희가 신청한 사건을 '울릉도 간첩단 사건'으로 파악해 조사했다. 당초 중앙정보부가 이성희를 포함한 전북 지역의 사건과 울릉도 지역의 사건을 하나로 묶어 대규모 간첩단 사건으로 발표했기 때문이다. 그런데 두 지역 사건은 이좌영이라는 상부선과 최○○라는 연락책으로 연결되어 있을 뿐 피고인 간의 공통된 범죄사실은 거의 없었다. 그래서 진실화해위원회는 최종적으로 이 사건을 이성희 중심의 간첩 조작 의혹 사건으로 정리했다.

4 진실·화해를위한과거사정리위원회, 《2010년 상반기 조사보고서 09》, 2010, 585쪽

(이하 진실화해위원회의 재심 권고에 대한 분석은 대개 조사보고서에 의거해 작성했으므로 중요한 자료의 재인용인 경우를 제외하고는 주를 생략하고자 한다).

5　원판결, 전심판결 또는 그 판결의 기초가 된 조사에 관여한 법관, 공소의 제기 또는 그 공소의 기초가 된 수사에 관여한 검사나 사법경찰관이 그 직무에 관한 죄를 지은 것이 확정판결에 의하여 증명된 때. 다만 원판결의 선고 전에 법관, 검사 또는 사법경찰관에 대하여 공소가 제기되었을 경우에는 원판결의 법원이 그 사무를 알지 못한 때로 한정한다(국가법령정보센터 https://www.law.go.kr).

6　전2조의 규정에 의하여 확정판결로써 범죄가 증명됨을 재심청구의 이유로 할 경우에 그 확정판결을 얻을 수 없는 때에는 그 사실을 증명하여 재심의 청구를 할 수 있다. 단, 증거가 없다는 이유로 확정판결을 얻을 수 없는 때에는 예외로 한다(국가법령정보센터 https://www.law.go.kr).

7　진실·화해를위한과거사정리위원회, 앞의 책, 561쪽.

8　위의 책, 586쪽.

9　국가법령정보센터(https://www.law.go.kr).

10　국가법령정보센터(https://www.law.go.kr).

11　진실·화해를위한과거사정리위원회, 앞의 책, 569쪽.

12　진실·화해를위한과거사정리위원회, 〈참고인(차철권), 진술조서〉, 2010. 4. 26.

13　진실·화해를위한과거사정리위원회, 앞의 책, 569쪽.

14　위의 책, 575쪽.

15　진실·화해를위한과거사정리위원회, 〈참고인(이성희), 진술조서(신청인) 2회〉, 2007. 10. 10.

16　위의 진술조서.

17　진실·화해를위한과거사정리위원회, 〈참고인(이사영), 진술조서〉, 2010. 4. 14.

18　진실·화해를위한과거사정리위원회, 앞의 책, 572쪽(2010. 4. 14. 진술청취).

19　진실·화해를위한과거사정리위원회, 〈참고인(이태영), 진술조서〉, 2009. 9. 8.

20　진실·화해를위한과거사정리위원회, 앞의 책, 573쪽(2009. 9. 8. 진술청취).

21　진실·화해를위한과거사정리위원회, 〈참고인(이성희), 진술조서(신청인) 2회〉, 2007. 10. 10.

22　위의 진술조서.

23　진실·화해를위한과거사정리위원회, 앞의 책, 573쪽(2010. 4. 8. 진술청취).

24　위의 책, 571쪽(김영권 답변서, 1974. 10. 31).

25　위의 책, 571쪽(이사영 탄원서, 1974. 11. 16).

26 위의 책, 571쪽(홍봉훈 항소이유서, 1974. 11. 11).

27 위의 책, 571쪽(이을영 서울고등법원 1차 공판, 1974. 11. 18).

28 진실·화해를위한과거사정리위원회, 〈참고인(차철권), 진술조서〉, 2010. 4. 26.

29 진실·화해를위한과거사정리위원회, 앞의 책, 575쪽(2010. 5. 12. 면담조사).

30 위의 책, 575쪽(2010. 5. 18. 면담조사).

31 위의 책, 579쪽.

32 진실·화해를위한과거사정리위원회, 〈참고인(이성희), 진술조서(신청인) 1회〉, 2007. 10. 9.

33 진실·화해를위한과거사정리위원회, 앞의 책, 580쪽.

34 위의 책, 581쪽.

35 위의 책, 583쪽.

36 진실·화해를위한과거사정리위원회, 〈참고인(이성희), 진술조서(신청인) 5회〉, 2010. 4. 15.

37 진실·화해를위한과거사정리위원회, 〈참고인(이성희), 진술조서(신청인) 1회〉, 2007. 10. 9.

38 진실·화해를위한과거사정리위원회, 앞의 책, 585쪽.

39 진실·화해를위한과거사정리위원회, 〈참고인(이성희), 진술조서(신청인) 5회〉, 2010. 4. 15.

40 〈이성희 재심청구서〉, 2010. 8. 23.

41 위와 같음.

42 서울고등법원, 〈이성희 재심 개시 결정서(2010재노44)〉, 2011. 12. 29.

43 최창남, 《울릉도 1974》, 뿌리와이파리, 2012, 64~65쪽.

44 서울고등법원, 〈이성희 판결문〉, 2012. 11. 22.

45 서울고등검찰청, 〈상고이유서〉, 2012. 12. 26.

46 〈변호인 답변서〉, 2013. 1.

47 대법원, 〈이성희 판결문(2012도15405)〉, 2014. 12. 11.

48 최창남, 앞의 책, 65쪽.

49 진실화해위원회, 〈참고인(이성희), 진술조서(신청인) 5회〉, 2010. 4. 15.

50 〈고문으로 '간첩사건' 조작해 훈장 … 정부, 8건 취소 결정〉, JTBC 뉴스 2019. 5. 7.

울릉도 간첩단 조작 사건

1판 1쇄 2022년 1월 20일

지은이 | 김정인, 조수룡, 유상수, 홍종욱

펴낸이 | 류종필
편집 | 이정우, 이은진
마케팅 | 이건호
경영지원 | 김유리
표지 디자인 | 박미정
본문 디자인 | 박애영
교정교열 | 정헌경

펴낸곳 | (주) 도서출판 책과함께
　　　　주소 (04022) 서울시 마포구 동교로 70 소와소빌딩 2층
　　　　전화 (02) 335-1982
　　　　팩스 (02) 335-1316
　　　　전자우편 prpub@hanmail.net
　　　　블로그 blog.naver.com/prpub
　　　　등록 2003년 4월 3일 제2003-000392호

ISBN 979-11-91432-35-0 93910